2 Die äußere Gestaltung der Materialien

2.1 Die Materialien für die Kinder

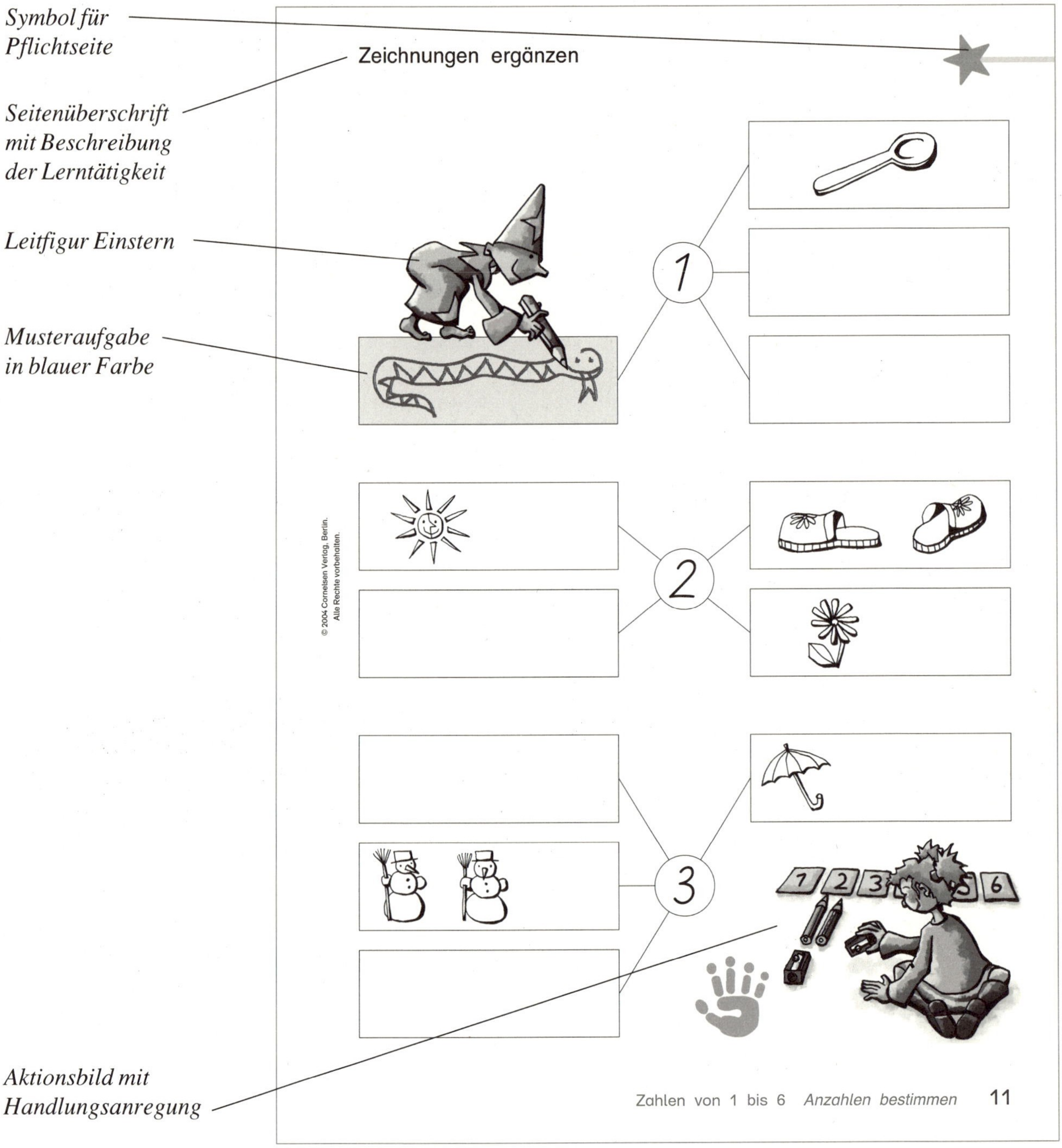

- Die Themenhefte sind **für die Hand der Kinder** aufgearbeitet. Durch das Aufteilen in überschaubare Inhaltsbereiche haben die Kinder jeweils eine übersichtliche Anzahl von Arbeitsseiten und vor allem auch weniger Gewichtsanteile im Gegensatz zu einem ganzen Buch. Die Themenhefte geben den Kindern eine eindeutige Gliederung der einzelnen Inhalte und Strukturen.
- Seitenüberschriften sind jeweils mit einem Verb versehen und stellen damit eine Beschreibung der **Lern-Tätigkeit** dar. Sie sind bewusst auch verbalisiert, um Frühlesern oder aber auch anderen Kindern in jahrgangsgemischten Klassen zusätzliche Hilfen und Arbeitsanregungen zu ermöglichen.
- Zu den einzelnen Themen werden **Pflicht- und Wahlseiten** angeboten. Die Pflichtaufgaben sind mit einem gefüllten Stern und die Wahlaufgaben mit einem hell abgetönten Stern markiert.
- Auf jeder Seite gibt es eine **Musteraufgabe**. Sie ist stets in blauer Farbe ausgeführt.
- Die **Stifte** verdeutlichen den Kindern, wo Eintragungen vorzunehmen oder Zeichnungen anzufertigen sind.

4.3 Die Fortsetzung der individuellen Arbeit der Kinder am Themenheft

Die Kinder kennen nun den Umgang mit dem Themenheft. Sie arbeiten jetzt in freier Abfolge in ihrem individuellen Arbeitsstil. Dadurch ergibt sich zwangsläufig, dass die Kinder nun nicht mehr immer an gleichen Inhalten und auf gleichen Seiten arbeiten. An jedem Plenum nehmen Kinder teil, die schon ihre Erfahrungen gemacht haben, gerade dabei sind oder diese noch vor sich haben. Umso wichtiger ist es, nur noch sehr bedingt auf Ergebnisbesprechungen einzugehen. Zugangsweisen, Lernwege und -strategien sind nun in den Mittelpunkt der Besprechung zu stellen. Trotzdem werden so selbstverständlich auch „neue Inhalte" im herkömmlichen Sinne (z. B. Größer-/Kleiner-Zeichen) vorgestellt und besprochen. Die Erfahrung in jahrgangsgemischten Lerngruppen zeigt, dass sich hier sowohl Kinder mit wenig Erfahrung als auch Kinder mit einem bereits weit fortgeschrittenen Kenntnis- und Erfahrungshintergrund gerne einbringen. Schon durch dieses „Miteinander" werden Zusammenhänge bewusst, die sich z. B. im erweiterten Zahlenraum wieder ergeben bzw. dort erneut angewandt werden können.
Es ist unschwer erkennbar, dass die bisherige Struktur (gemeinsames Erarbeiten durch Vorstellen von Seiten der Lehrerin und das Erarbeiten von „Musteraufgaben") für Einführungen bei dem unterschiedlichen Kenntnis- und Erfahrungsstand der Kinder nicht mehr geeignet ist. Eine Beschreibung von „Einführungssituationen" in den Lehrerhandreichungen und Ausführungen zu einzelnen Heftseiten erübrigt sich daher.

4.4 Ziele, Anregungen und Hinweise zu den einzelnen Themen

Die einzelnen Themenbereiche innerhalb der Themenhefte sind von uns weniger intensiv beschrieben als die vorausgehende Hinführung zur Arbeit mit dem Unterrichtswerk. Es sind die Ziele dargestellt und - weitere Vorschläge zur Unterrichtsarbeit integriert. Zusätzlich erhalten Sie Anregungen für mögliche „Besprechungspunkte" im Plenum. Diese Besprechungspunkte sollten sich jedoch möglichst direkt aus der Arbeit einzelner Kinder oder auch aus Erfahrungen und Fragestellungen der Kinder ergeben. Es würde die Grundabsicht „das Kind steht im Mittelpunkt" konterkarieren, wenn wir hier „verbindliche" Themen und Besprechungspunkte für einzelne Bereiche oder Aufgaben beschreiben und empfehlen.

Anzahlen bestimmen

Ziel ist, dass die Kinder Gruppierungen/Mengen unterscheiden und in ihrer Anzahl benennen können, wobei sie die Anzahl durch Abzählen oder durch simultanes Erfassen bestimmen.
Der Beginn mit offenen Aufgabenstellungen zum Anzahlaspekt ermöglicht den Kindern, ihr Wissen und Können einzubringen, ohne gleich in die symbolische Ebene zu gehen und die Ziffern schreiben zu müssen. Die Kinder können diese Aufgabenstellungen im Themenheft alleine erfassen und sicherlich auch umsetzen.

Zusätzlich können die Kinder vor allem in Partnerarbeit Anzahlen bestimmen beim:
- Händeschütteln,
- Drücken am Arm oder mit den Händen,
- Blinken mit einer Taschenlampe,
- Schrittegehen,
- Anschlagen oder Anspielen von unterschiedlichen Musikinstrumenten,
- Stempeln,
- Spielen mit Bild- oder Spielzoo (Holz- oder Stofftiere),
- Ordnen von Spiel- oder Schulsachen,
- Erstellen und Spielen eines Memory mit Würfelbild und passender Zahl,
- Erstellen und Spielen eines Memory mit Mengenbild und passender Zahl,
- usw.

Weitere Besprechungspunkte für das Plenum sind:
- Anzahlen bei **unterschiedlichen Darstellungen** bestimmen,
- **unterschiedliche Zuordnungsmöglichkeiten**, z. B. durch Verbindungsstriche, Zahlenzuordnen, Zahlkärtchen-Dazulegen usw., erkennen,
- richtige **Anzahlen**, z. B. beim Anmalen, Malen, Zukleben usw., **bestimmen**,
- **unterschiedliche Anordnungen** von bestimmten Anzahlen vergleichen.

Zahlen / Ziffern schreiben

Ziel ist, dass die Kinder die richtige Schreibweise und den richtigen Bewegungsablauf der Ziffern ausführen können.
Begonnen wird immer an der Stelle, an welcher der Beginn des Strichs angedeutet und der Stift eingezeichnet ist.
Die Aktionsbilder zu den einzelnen Ziffern können selbstverständlich auf die übrigen Ziffern übertragen werden und bieten daher eine breite Handlungsebene für alle Ziffern.
Die zusätzliche Kopiervorlage in den Lehrerhandreichungen kann auch als Hausaufgabe verwendet werden (KV 4: Schreibübung Zahlen).

den Plus- oder Minusaufgaben darstellen. (Kinder spielen zu vorgegebenen Aufgaben die passende Handlung vor.)
- Und so weiter.

5.3 Ziele, Anregungen und Hinweise zu den einzelnen Themen

Plusaufgaben kennen lernen

Ziel ist, dass die Kinder:
- *wissen: „Plus bedeutet – es kommt etwas dazu."*
- *eine Plusaufgabe (z.B. 3 + 2 = 5) zurückführen können auf eine entsprechende Ausgangssituation (Ausgangssituation mit drei Gegenständen, zu denen zwei weitere dazukommen und dann zusammen fünf ergeben).*

„Plus" bzw. „dazu" erfahren die Kinder als dazulegen, -kommen, -fliegen, -stellen, -hängen, -nehmen, hinrollen, auffädeln, hinfahren usw. Es ist dabei sehr wichtig, dass die Kinder diese Vorgänge des Hinzufügens auch möglichst oft verbalisieren und dadurch den Zusammenhang zur Rechenoperation noch deutlicher verinnerlichen, als dies nur auf der zeichnerischen und später symbolischen Ebene möglich ist.
Um eine frühe Formalisierung zu vermeiden, sollten Aufgaben mit Zahlen und Rechenzeichen immer wieder in konkrete Sachsituationen zurückgeführt werden!

Weitere Anregungen und Besprechungspunkte für das Plenum sind:
Die Kinder beschreiben und führen teilweise auch im Rollenspiel vor:
- Handlungen von Kindern für Plusaufgaben,
- Handlungen von Erwachsenen für Plusaufgaben,
- Handlungen von Tieren für Plusaufgaben,
- Handlungen zu unterschiedlichen Bereichen mit demselben Hintergrund. (Der Bereich kann zu Beginn eines Plenums festgelegt werden, z. B. beim Essen, Anziehen usw.)

Plusaufgaben gestalten

Ziel ist, dass die Kinder über selbst durchgeführte Handlungen des Hinzufügens Plusaufgaben darstellen und anschließend notieren.
Dieses Hinzufügen geschieht durch Türmebauen, Malen, Stempeln, Plättchenlegen, Plättchenzeichnen usw.

Weitere Anregungen und Besprechungspunkte für das Plenum sind:
- alle Punkte, die unter „Plusaufgaben kennen lernen" bereits beschrieben sind.
- mit Spielzeug Plusaufgaben gestalten.
- Plusaufgaben würfeln. (Die Kinder würfeln mit drei Würfeln und erkennen zunächst, ob die Aufgabe in den schon bekannten Zahlenraum passt, z. B. wären 6 + 6 + 6 = 18 und das ist mehr, als bisher bearbeitet wurde. Die Kinder können dann entscheiden, ob sie die Aufgabe berechnen wollen oder als „nicht passend" verwerfen.)
- Plusaufgaben hüpfen (linkes Bein und rechtes Bein).
- mit Orff'schen Instrumenten Plusaufgaben darstellen (zwei Instrumente nacheinander anschlagen).
- unterschiedliche Möglichkeiten finden, wie mit Fingern beider Hände eine bestimmte Zahl dargestellt werden kann.
- Fühlkärtchen gestalten (siehe nächster Punkt).
- Fühlkärtchen verwenden (Punktebilder mit verschiedenen Oberflächen auf einer Karte erfühlen).
- mit Münzen Geldbeträge unterschiedlich zusammenstellen.

Plusaufgaben erkennen

Ziel ist, dass die Kinder:
- *die Addition als „das Hinzufügen zu ..." (Zusammenfassung von Teilmengen) erkennen und mit dem Wort „Plus" und dem richtigen Rechenzeichen verbinden.*
- *Tauschaufgaben als Betrachtung mit Perspektivwechsel erkennen, beschreiben und notieren.*

Das **konkrete Durchführen und Verbalisieren des Perspektivwechsels bei Tauschaufgaben** sollte möglichst oft umgesetzt werden. („Zwei Kärtchen und drei Kärtchen sind fünf Kärtchen. Wenn ich es von der anderen Seite des Tisches aus betrachte, sind drei Kärtchen und zwei Kärtchen fünf Kärtchen.")

Weitere Anregungen und Besprechungspunkte für das Plenum sind:
- Alle Anregungen, die im Punkt „Plusaufgaben gestalten" angesprochen sind, werden übernommen, mit dem Unterschied, dass die Gestaltung durch ein Kind von einem anderen erkannt werden muss. Dieser Zusammenhang zwischen dem Gestalten und Erkennen sollte den Kindern durchaus bewusst gemacht werden: Der „Gestalter" erzeugt eine Situation, der Beobachter erkennt, was der „Gestalter" gemacht hat.
- Weitere Möglichkeiten des Erkennens von Tauschaufgaben, die durch ganz unterschiedliche Arten des Perspektivwechsels entstehen, werden von den Kindern dargestellt. (Wohin kann sich ein Beobachter stellen, bewegen usw., um die Tauschaufgabe zu erkennen.)
- Das vertauschte Anordnen der beiden Teilmengen sollte handelnd durchgeführt werden. So wird den Kindern die Erkenntnis ermöglicht, dass sich die Gesamtanzahl nicht verändert, wenn die Teilmengen vertauscht werden.

KV 10: Domino spielen

- Schneide die Blütenblätter aus.
- Lege sie so aneinander, dass Bilder und Rechnung zusammenpassen.
- Wenn du alles richtig gemacht hast, passt dein letztes Blatt zum ersten.
- Klebe deine Blume auf.

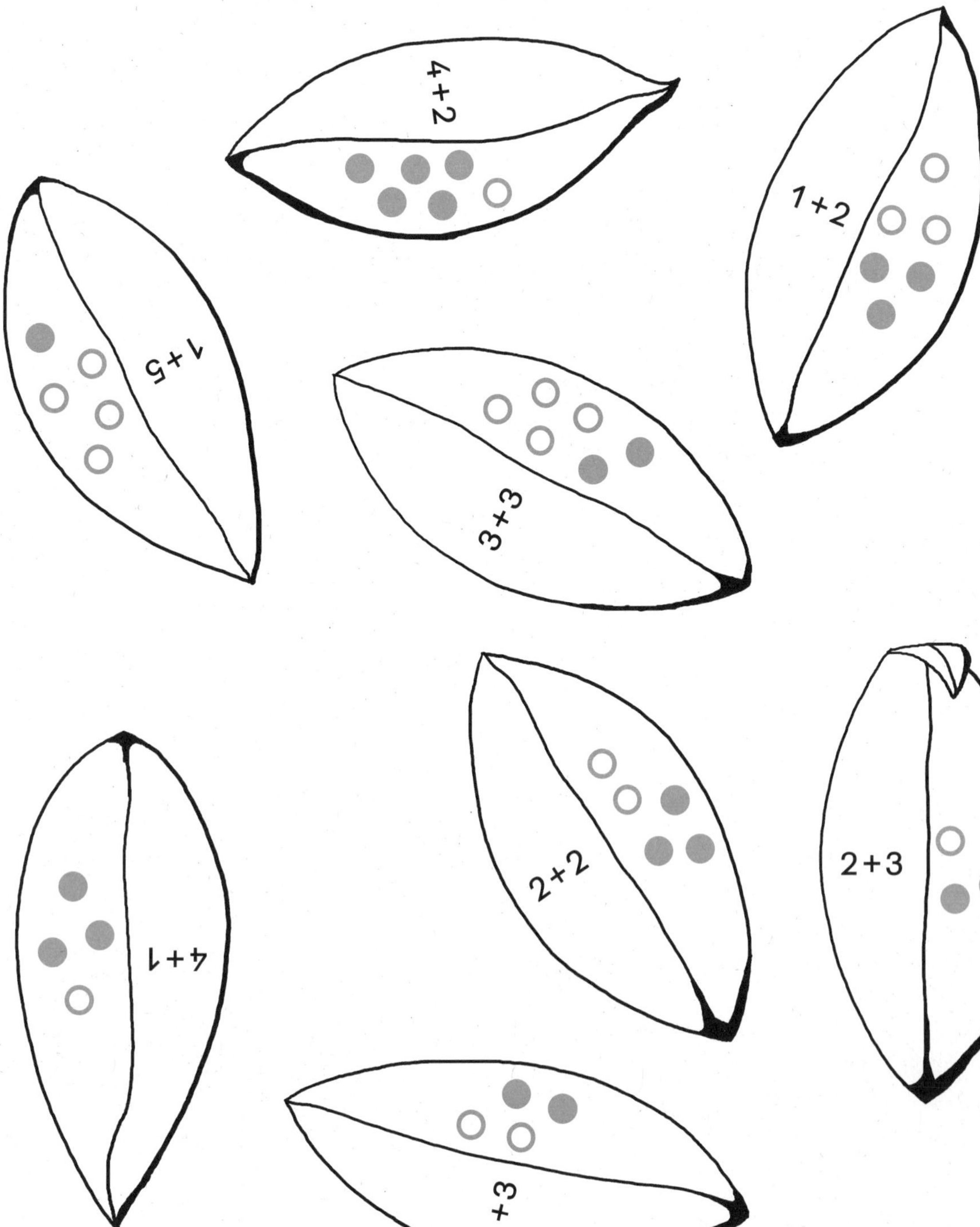

KV 15: Schreibübung Zahlen

7 7

7

7 7

7

8 8

8

8 8

8

9 9

9

9 9

9

10

10

10

10

und werten diese über Strichlisten aus. Die von Erwachsenen verwendete Fünferbündelung kann sich ggf. daraus ergeben, muss aber nicht unbedingt bewusst eingeführt werden. Die Frage nach einem möglichst schnellen Überblick durch die Strichliste führt jedoch in der Regel fast zwangsläufig zur bekannten Fünfer- oder Zehnerstruktur.

Zahlreihen

Ziel ist, dass die Kinder:

- *den Ordnungsaspekt sowohl in der ganzen Zahlreihe bis 20 als auch in Ausschnitten davon erkennen.*
- *die Richtung einer Zahlreihe von vorhandenen Zahlen ableiten. (Zahlreihenausschnitte können auch z.B. als Perlenkette von rechts nach links aufsteigend aufgebaut sein.)*
- *Vorgänger und Nachfolger als Nachbarzahlen einer Ausgangszahl und ihren Zusammenhang mit der nach oben aufbauenden Zahlreihe erkennen.*

Neu ist, dass nun Zahlreihen im ganzen Zahlenraum bis 20 auch rückwärts betrachtet und ergänzt werden. Genauso verhält es sich mit besonderen Zahlreihen, die Kinder selbst entdecken sollen und dabei auch ihre Erfahrungen und Strategien verbalisieren und bewusst machen. Bei der Zahlreihe mit Zweierschritten sagen dann z. B. Kinder: „Ich zähle immer 1 leise im Kopf dazu." Solche Lösungsstrukturen sollten unbedingt einander vorgestellt, untereinander besprochen und damit jedem Kind Lernwege bestätigt oder auch neue aufgezeigt werden.

Weitere Anregungen und Besprechungspunkte für das Plenum sind:

- Erkennungsmerkmale für die Richtung von Zahlreihen beschreiben. („Ich sehe eine Zahlreihe mit nur zwei eingetragenen Zahlen. Woher weiß ich dann, in welche Richtung die Zahlreihe aufgebaut ist?")
- Möglichst oft legen die Kinder in unterschiedlicher Form Ausschnitte von Zahlreihen, ergänzen, stellen Vermutungen an usw.
- Einen Zahlenstrahl kleben die Kinder auf den Boden, an dem sie selbst unterschiedliche Schritte durchführen oder z. B. mit Wendeplättchen markieren können. (Ein Kind legt z. B. auf dem Zahlenstrahl bei Zahlen mit Dreierschritten jeweils ein Wendeplättchen oder eine andere Markierung. Ein anderes Kind soll die „Schrittgröße" herausfinden. Dabei muss nicht immer vorne begonnen werden.)
- Die Bestimmung von Vorgänger und Nachfolger wird sich hier von allein mit ergeben.
- Im Zusammenhang mit den Größer- und Kleiner-Zeichen tauchen Situationen auf, die eindeutig sind (Zeichen zwischen zwei Zahlen setzen). Ist jedoch nur eine Zahl und ein Zeichen vorgegeben, gibt es in der Regel mehrere mögliche Lösungszahlen. Dies sollte thematisiert und den Kindern bewusst werden.

Verdoppeln / Halbieren

Ziel ist, dass die Kinder an Realsituationen das Verdoppeln und Halbieren kennen lernen, erfahren und beschreiben.

Hier ist konkretes Handeln und möglichst auch unterschiedliches konkretes Material unabdingbar. Kinder müssen sich und die doppelte Anzahl von Schuhen konkret sehen und bewusst verinnerlichen. Auch Spiegel helfen sehr viel, da sie von sich aus „verdoppeln". Das Halbieren erfahren die Kinder als Umkehrung an den gleichen Sachverhalten und führen es an ihnen auch durch.

Eine weitere Anregung und ein Besprechungspunkt für das Plenum ist:

- Der Umgang mit einem großen Spiegel, mit dem sich Kinder selbst spiegeln, ist in diesem Zusammenhang von Kindern zwar immer erwünscht, jedoch für den Sachverhalt eher ungünstig. Kinder sehen nur ihr Spiegelbild und damit keine Verdopplung. Allerdings wird den Kindern dies in schöner Weise beim Durchführen selbst klar.

Gerade und ungerade Zahlen

Ziel ist, dass die Kinder:

- *das Ordnungskriterium „gerade" bzw. „ungerade" kennen lernen und beschreiben.*
- *dabei den Bezug zum Verdoppeln und Halbieren herstellen.*

Aus dem Verdoppeln und Halbieren leiten sich Erfahrungen mit geraden und ungeraden Zahlen ab. Zunächst erfahren die Kinder über die Bilder, dass Zahlen unterschiedlich „sortiert" werden können, und entdecken und beschreiben in der Folge auch selbst Unterschiede (z. B., dass man ungerade Zahlen nicht halbieren kann und dass jede Zahl durch Verdoppeln eine gerade Zahl wird).

Weitere Anregungen und Besprechungspunkte für das Plenum sind:

- Nur wenige Kinder können in der Regel bereits auf der abstrakten Ebene gerade und ungerade Zahlen erkennen. Für sie ist es wichtig, dass sie mit konkreten Materialien unterschiedliche Anzahlen legen und beim Halbieren (Versuch) erkennen, ob die Zahl in zwei gleiche Anzahlen zerlegt werden kann oder nicht.
- Die Kinder versuchen Anzahlen zu halbieren und erkennen dadurch gerade und ungerade Zahlen.

KV 33: Wochenübungsblatt 1
Zahlen bis 20 bestimmen, ordnen, vergleichen

1

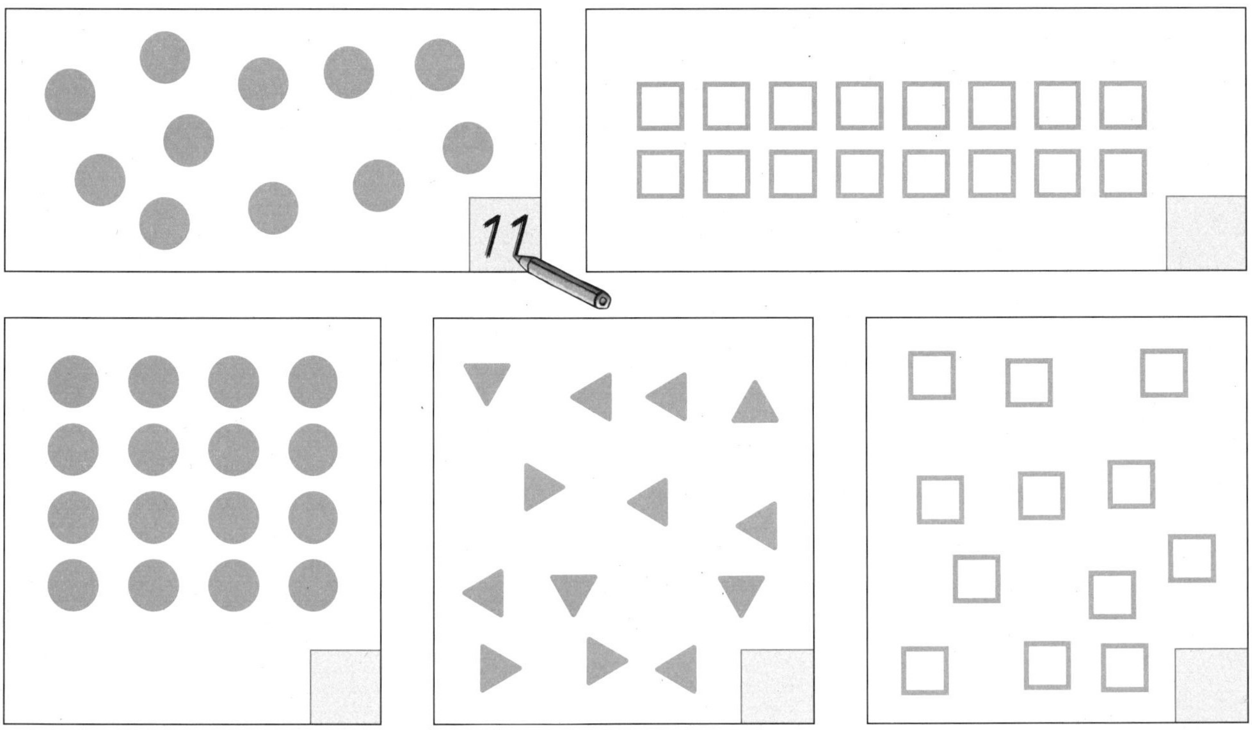

2

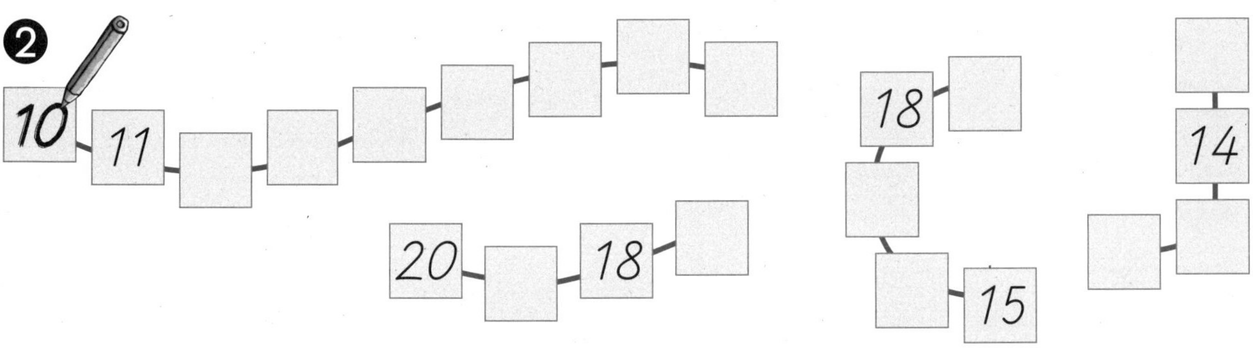

3

4	5		6					4		3	
	15		16					14		13	

4

13	<	18	18	<			>	13		<	
14		8	16	>			<	17		>	

1 Ergänze die Rechenräder.

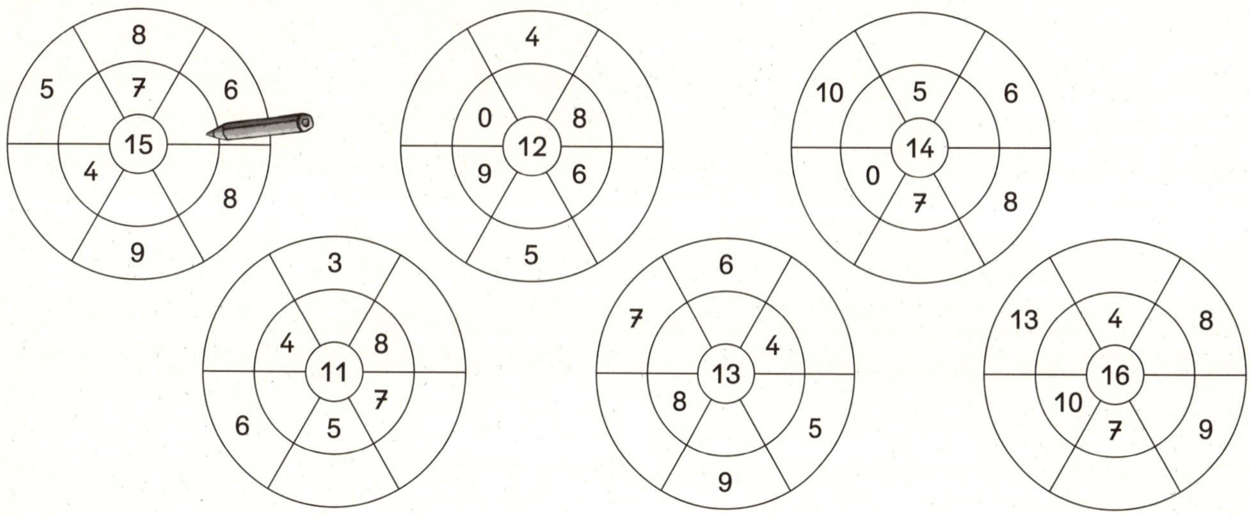

2 Fülle die Rechentabellen aus.

+	4	5	6	8	7
7	11	12			
8					
6					
3					
5					

+	7	6	5	8	4
7	14				
6		12			
8			13		
9				17	
5					9

−	5	7	6	8	4
16			10		
12					
14					
17					
15					

−	5	6	7	8	9
13	8				
15		9			
12			5		
14				6	
16					7

Beobachtungsbogen „Größenbereich Zeit“

Name: ______________________________ *Datum:* ____________________

Uhrzeiten ablesen

- ◯ kann die beiden Zeiger der Uhr und ihre Funktion benennen
- ◯ kann Uhrzeiten in der ersten Tageshälfte ablesen und notieren
- ◯ kann Uhrzeiten in der zweiten Tageshälfte mit Hilfe einer entsprechend beschrifteten Uhr ablesen
- ◯ zählt beim Ablesen von Uhrzeiten in der zweiten Tageshälfte weiter
- ◯ liest Uhrzeiten in der zweiten Tageshälfte ohne Hilfsmittel ab
- ◯ ______________________________
- ◯ ______________________________

Uhrzeiten einstellen/einzeichnen

- ◯ kann die Zeigerstellung von Uhrzeiten in der ersten Tageshälfte auf einer Uhr einstellen/einzeichnen
- ◯ kann die Zeigerstellung von Uhrzeiten in der zweiten Tageshälfte auf einer entsprechend beschrifteten Uhr einstellen/einzeichnen
- ◯ zählt beim Einstellen oder Einzeichnen der Zeigerstellungen von Uhrzeiten in der zweiten Tageshälfte weiter
- ◯ stellt Uhrzeiten/zeichnet Zeigerstellungen von der zweiten Tageshälfte ohne Hilfsmittel ein
- ◯ kann zu Tageszeiten passende Tätigkeiten von Personen nennen
- ◯ kann Tätigkeiten und passende Tageszeiten zuordnen
- ◯ kann Uhrzeiten und Tageszeiten einander zuordnen
- ◯ ______________________________
- ◯ ______________________________

KV 53: Wochenübungsblatt 4
Symmetrische Figuren zeichnen und erkennen

1 Zeichne zu jeder Figur das Spiegelbild.

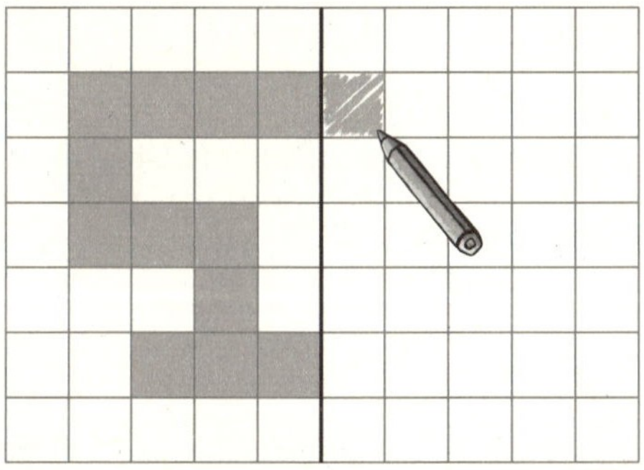

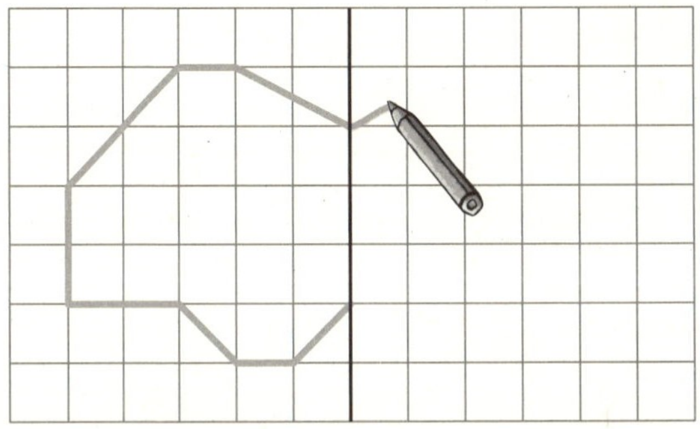

2 Umkreise in jeder Reihe die symmetrische Figur.

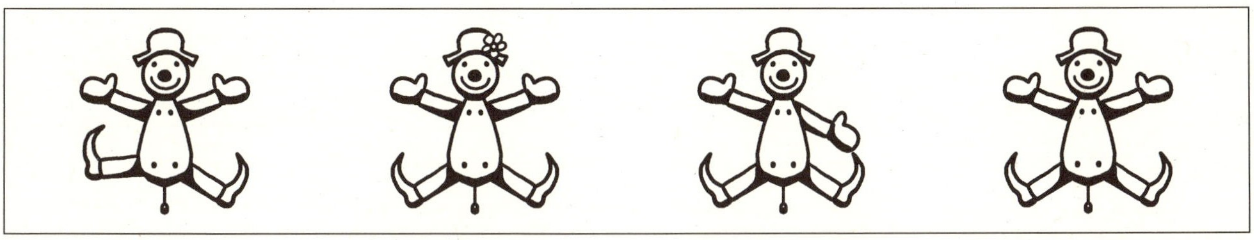

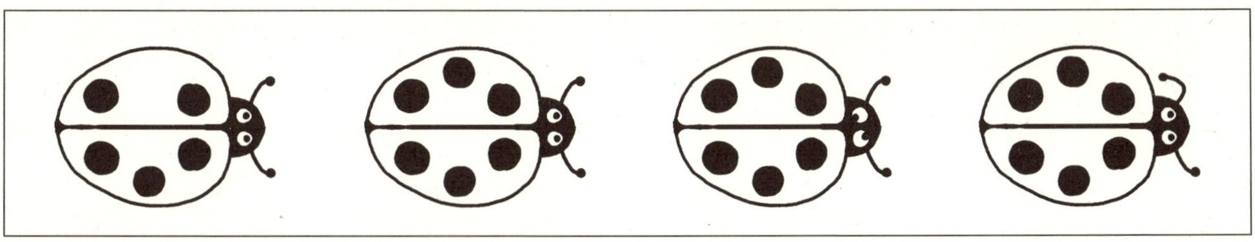

3 Zeichne:

ein symmetrisches Haus.

einen symmetrischen Schmetterling.

Grundlagen bei den Kindern sichern

Pflichtaufgaben sichern notwendige Grundlagen

In einem gleichschrittig angelegten Unterrichtsverlauf werden die Grundlagen durch die gemeinsamen Phasen, Zusammenfassungen und die an alle ausgegebenen Arbeitsaufträge erarbeitet.

Wenn die Kinder oft selbstständig und in ihrem Tempo arbeiten, sind diese gemeinsamen Phasen unter den an anderer Stelle genannten Gesichtspunkten kaum mehr zu verwirklichen. Trotzdem muss für mich gewährleistet sein, dass sich alle Kinder zumindest mit den Sachverhalten auseinander gesetzt haben, die aus der Sicht der mathematischen und didaktischen Struktur notwendig sind.

Die grundlegenden Sachverhalte und aus meiner Sicht auch die unterschiedlichen Zugangs- und Arbeitsweisen will ich mit Einstern durch die Pflichtaufgaben (Seiten mit ausgefülltem Stern) sichern.

- **Betrachten Sie ein Kapitel Ihrer Wahl im Themenheft.**
- **Überlegen Sie, ob die durch einen „ausgefüllten Stern“ gekennzeichneten Seiten auch aus Ihrer Sicht die unabdingbaren Grundlagen sichern helfen.**

Grundlagen schaffen – aus fachwissenschaftlicher und fachdidaktischer Sicht

Über offene Aufgabenstellungen Fantasie und eigene Vorstellungen entwickeln

„Hier hast du eine Aufgabe. Löse sie." So kann man sicherlich viele der vorgestellten Aufgaben einleiten. Konkrete Aufgabenstellungen sind notwendig. Genauso wichtig ist jedoch, dass Kinder selbst fantasievoll eigene Gestaltungsmöglichkeiten, Vorstellungen und Umsetzungen einbringen. Dies ist nur über offene Aufgabenstellungen und „aktive" Anregungen möglich.

- **Betrachten Sie die beiliegenden Seiten und überlegen Sie für sich, was Sie wohl hier machen würden.**
- **Überlegen Sie für sich: „Was würde wohl mein Kind machen?"
So können Sie sich die Notwendigkeit offener Aufgabenstellungen nochmals verdeutlichen.**

Einstern

Mathematik für Grundschulkinder

1

Handreichungen
für den Unterricht
mit Kopiervorlagen

Erarbeitet von
Roland Bauer
Jutta Maurach

In Zusammenarbeit
mit der
Cornelsen Redaktion
Grundschule

Cornelsen

Einstern 1

Mathematik für Grundschulkinder

Handreichungen
für den Unterricht
mit Kopiervorlagen

Erarbeitet von: Roland Bauer, Jutta Maurach

Redaktion: Stefanie Keil, Nadine Werner

Layout und technische Umsetzung: Katrin Tengler

Illustration: Yo Rühmer

Cornelsen online http://www.cornelsen.de

1. Auflage, 3. Druck 2005

Druck: Druckhaus Berlin-Mitte

ISBN 3-464-84954-6

Bestellnummer 849546

Gedruckt auf Recyclingpapier, hergestellt aus 100 % Altpapier.

Inhaltsverzeichnis

1 Grundlagen und Konzeption

1.1 Das Ziel und die Grundpfeiler

Ziel der Arbeit mit Einstern ist ein kindgerechter Mathematikunterricht.
Dabei ist es von nachgeordneter Bedeutung, ob dieser in einer jahrgangshomogenen Klasse oder im jahrgangsgemischten Anfangsunterricht stattfindet. In einer jahrgangsgemischten Klasse oder Lerngruppe ist die individuelle Arbeit der Kinder auf ganz unterschiedlichem Lernstand für die erfolgreiche Unterrichtsarbeit fast unabdingbar. Für beide Gestaltungsformen des Anfangsunterrichts ist Einstern durch seine Ausrichtung an der Individualität und der selbstständigen Arbeit des einzelnen Kindes besonders geeignet.

Bereits aus der Begrifflichkeit „kindgerechter Mathematikunterricht" leiten sich Bedingungsfaktoren ab, die im Folgenden näher betrachtet werden:

- kindgerechter Unterricht
- Berücksichtigen der Mathematikdidaktik
- Inhalte und Arbeitsweisen im Unterricht und
- als Schlussfolgerung daraus auch die Rolle der Lehrerin[1].

Der Anfangsunterricht orientiert sich noch mehr als bisher an den individuellen Voraussetzungen und Lernmöglichkeiten des einzelnen Kindes. Diese Orientierung lässt sich im eher gleichschrittigen Vorgehen nur sehr bedingt umsetzen. Offene Unterrichts- und Lernformen schaffen den Rahmen, den jedes Kind für die individuelle Gestaltung seines Lernens und seiner Entwicklung benötigt. Dabei bedeutet Offenheit niemals Beliebigkeit oder unstrukturiertes Tun. Je offener die Art des Arbeitens von einem Kind gestaltet werden kann, umso besser müssen die verwendeten Materialien die Strukturen aufweisen und dem Kind Orientierung geben. Gleichzeitig muss die Offenheit der Lehrerin Zeiträume für Begleitung, Beobachtung, Beratung und damit auch für Diagnostik einräumen. Für alle Beteiligten, die Lehrerin, die Eltern und natürlich auch die Kinder, müssen die Anforderungen, aber auch die Wege zu diesem Ziel klar und bewusst sein. Die Beobachtungskriterien für die Lehrerin sind im Sinne einer grundlegenden Bildung auf ein gleiches Ziel gerichtet, was allen Beteiligten bewusst ist und im Vordergrund steht: *Selbstständige Aneignung von Kenntnissen, Fähigkeiten, Fertigkeiten durch das Kind und vor allem das verständige und verstehende Können des Kindes auf der Basis bekannter mathematischer Strukturen.*
Einstern ist so aufgebaut, dass die Kinder nach einer sehr kurzen Hinführungsphase sich die Inhalte selbstständig erarbeiten und in der Klasse mit Unterstützung der Lehrerin reflektieren, bewerten, festigen oder verbessern.

Zusammenfassung:
Der Anfangsunterricht orientiert sich an:

- den individuellen Voraussetzungen und
- den individuellen Lernmöglichkeiten des einzelnen Kindes.

Dies verlangt von der Lehrerin:

- die Bereitstellung eines Rahmens, der individuelles Lernen ermöglicht.
- die Organisation und Strukturierung von offenen Lernphasen.
- die Beobachtung und Begleitung der individuellen Entwicklung.
- das Bewusstmachen von Lern- und Arbeitsprozessen bei den Kindern.
- die Bereitstellung von Materialien, die
  - für selbstständiges Arbeiten der Kinder geeignet sind.
  - in sich klare Strukturen aufweisen, die von Kindern erkannt werden können.
  - in sich ein hohes Maß an Differenzierung beinhalten und anbieten.
  - fachwissenschaftlichen und fachdidaktischen Grundansätzen entsprechen.

Einstern bietet dazu:

- das geeignete Material mit klaren Strukturen, die den Kindern entsprechen und von ihnen ohne vorherige Hilfe durch die Lehrerin erfasst und umgesetzt werden können.
- Beobachtungsbögen zur Begleitung des Lernprozesses und zur Diagnostik.
- zusätzliche Tests, welche die Absicherung der Lernstandards unterstützen.
- Informationen und Anregungen für die Gestaltung des Unterrichts mit derart heterogenen Lerngruppen.
- Anregungen, Hinweise und Materialien, mit deren Hilfe die Eltern das veränderte schulische Lernen kennen lernen können.

Kindgerecht unterrichten

Um kindgerecht zu unterrichten, sollten zunächst die individuellen Vorraussetzungen beim Kind als Ausgangspunkt angenommen und berücksichtigt werden.

- Jedes Kind bringt einen individuellen Lernstand und ein bestimmtes Vorwissen mit, an denen es anzusetzen gilt. Den Wissens- und Lernstand nur zu

[1] Im fortlaufenden Text wird bei der Verwendung der weiblichen Form jeweils auch das männliche Geschlecht mitgemeint.

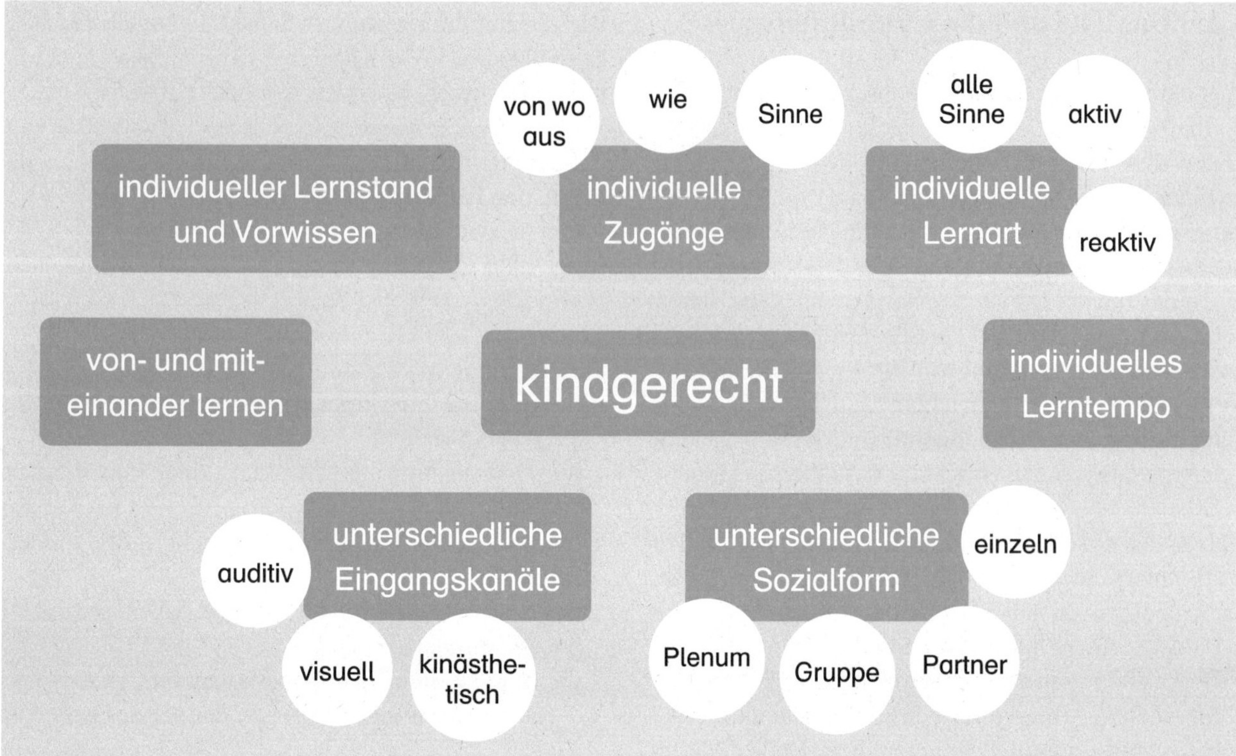

akzeptieren, ist dabei zu wenig, ihn bewusst wahrzunehmen und bei den Kindern bewusst zu machen, scheint uns im Hinblick auf einen Lernprozess unabdingbar. Dazu ist es notwendig, dass Kinder auch die Dinge, die sie bereits kennen und können, nochmals bewusst gestalten und reflektieren. Dies ist ganz im Sinne von Piaget: Denken als bewusstes und verinnerlichtes Handeln.

- Kinder haben bereits vor Beginn ihrer Schulzeit viele Lernerfolge erzielt und Lernphasen durchschritten. Dabei gehen sie sehr individuell vor. Sie wählen ihren Ausgangspunkt spontan oder auch ganz gezielt, sind geleitet von Interessen oder einem definitiven Auftrag, beobachten zuerst oder probieren einfach aus, kopieren andere Kinder oder führen ihnen etwas vor. Dies zuzulassen ist kindgerecht und fördert den individuellen Lernprozess.

- Um erfolgreich zu sein, sollten Kinder in ihrem individuellen Lerntempo arbeiten und fortschreiten können. Der Lernprozess ist dabei sicherlich kein linearer Verlauf, wie wir ihn gerne im Unterricht hätten. Auch Lernplateaus sind wichtig, obwohl sie scheinbar momentan keine Fortschritte bringen. Hier festigen Kinder ihren Leistungsstand, genießen das Erreichte und holen sich, falls sie die Zeit dazu erhalten, auch Lust zum Weitermachen.

- Kinder lernen in ganz unterschiedlichen Sozialformen. Wenn uns das Lernen wichtig ist, müssen wir ihnen mehr Freiheit bei der Wahl ihrer sinnvollen Sozialform einräumen: alleine etwas entdecken oder vertiefen, mit Partnern gemeinsam neue Wege finden, sich Fragen stellen, Anregungen geben usw. In der Gruppe können Erfahrungen ausgetauscht, Lernwege entdeckt und Optimierungen gemeinsam gefunden werden. Nur das Plenum benötigt statt Erklärungen und Hinführungen eine andere Ausrichtung, wenn von einem kindgerechten Mathematikunterricht geredet wird (siehe dazu Hinweise zu „Die Arbeit im Plenum“, Seite 17).

- Selbstverständlich sind allen Kindern Zugänge auf allen „Wegen“ – sehen, hören, handeln, „begreifen“ (im wahrsten Sinne des Wortes) – zu ermöglichen.

Voneinander und miteinander lernen – das natürliche Lernen der Kinder wollen wir mit Einstern auch im Mathematikunterricht ermöglichen.

Mathematikdidaktik berücksichtigen

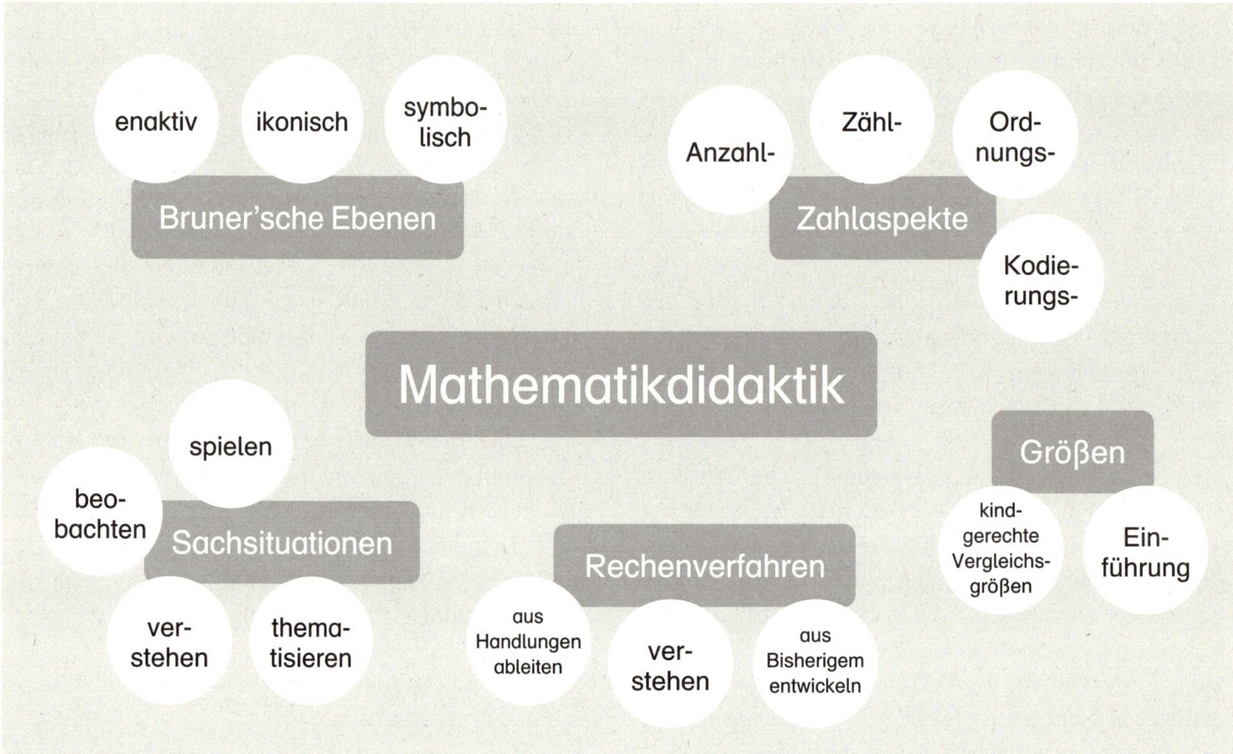

In der Strukturskizze sind wichtige Bereiche der Mathematikdidaktik des Anfangsunterrichts dargestellt. Einige sind im Zusammenhang mit der inhaltlichen Gestaltung der einzelnen Hefte genauer beschrieben. Als übergreifende Grundlage stellen wir die Bruner'schen Ebenen hier etwas ausführlicher dar. Die restlichen Stichpunkte dienen vor allem der Übersicht.

Die **Bruner'schen Ebenen (e – i – s) strukturieren** den Lernprozess und sind nicht nur bei der Einführung gängige Grundlage.
Dazu gehören:

- die Handlungsebene – **e**naktiv: spielen, legen, bauen, bewegen, nehmen, zugeben usw.,
- die bildliche Ebene – **i**konisch: Bilder, Zeichnungen, Skizzen, Fotos usw.,
- die **s**ymbolische Ebene: Zahlen, Buchstaben, Rechenzeichen, Sprache (beschreiben, benennen, mit Begriffen versehen usw.).

Effektives Lernen findet vor allem dann statt, wenn von einer Ebene in die andere umgewandelt wird:

- Durchgeführte Handlungen werden in Skizzen und/oder Symbole übertragen (enaktiv in symbolisch).
- Über Handlungen oder Bilder wird geredet, sie werden beschrieben (enaktiv und ikonisch in symbolisch).
- Zu Symbolen werden unterschiedliche Bilder oder Handlungen gesucht (symbolisch in enaktiv oder ikonisch).
- Und so weiter.

Damit sind auch bereits die unterschiedlichen Zugänge zu den Rechenverfahren und der Umgang mit Sachsituationen andeutungsweise beschrieben.

Inhalte und Arbeitsweisen

- Den Kindern sollen **alle Zahlaspekte** bewusst werden:
  - Eine „3" kann für drei Bonbons stehen (Anzahlaspekt) oder der Anfang einer Telefonnummer sein (Kodierungsaspekt).
  - Eine „3" ist eben eine Zahl in der Zahlreihe beim Zählen.
  - Sie kann jedoch auch, mit einem Punkt versehen, den dritten Platz in einer ganz bestimmten Ordnungsreihe beschreiben.

  Von der Inhaltsebene her ist es daher wichtig, dass die Kinder nicht nur zählen können, sondern einen grundlegenden Zahlbegriff entwickeln, der auch alle Aspekte der Zahlen mit einbezieht, schwerpunktmäßig jedoch den Anzahlaspekt als Grundlage für den weiteren Umgang und die Verknüpfung von Zahlen.

- Täglich neu entdecken, wo mathematische **Inhalte im Alltag zu finden** sind und mit welchen mathematischen Symbolen ganz viele Dinge kurz beschrieben werden können, ist ein Hauptanliegen und verknüpft den Ansatz des Mathematikunterrichts mit dem Umfeld und dem Alltag der Kinder und umgekehrt.

- Die **Rechenverfahren Addition und Subtraktion sind „Platzhalter" für ganz viele Handlungen,** die z. B. hinter der Aufgabe 3 + 4 stehen können. Dieses Grundverständnis ist für die Anwendung der Rechenverfahren im Alltag und beim Umgang mit Sachsituationen unabdingbar und wird daher in einem überschaubaren Zahlenraum für alle Kinder umfassend zur Bearbeitung angeboten.

- Zu den **Arbeiten der Kinder** gehört sicherlich auch das mechanische Üben und Automatisieren von bestimmten Aufgaben und Grundrechenarten. Auf dem Weg dahin sollen die Kinder jedoch möglichst viel probieren, sich gegenseitig vorstellen, sich austauschen und argumentieren. Wer seine Beobachtungen, Erfahrungen, Gedanken und Lernwege verbalisieren kann, ist im Sinne von Piaget wieder auf den besten Lernspuren und auf dem Weg zu Lernstrategien (bewusstes und verinnerlichtes Handeln als Grundlage des Denkens und Lernens).

Die Rolle der Lehrerin

Die Rolle der Lehrerin wird sich in einem kindgerechten Mathematikunterricht weiter verändern: **weg von der üblichen Rolle der Vormachenden, hin zur Anregenden und Begleiterin.**

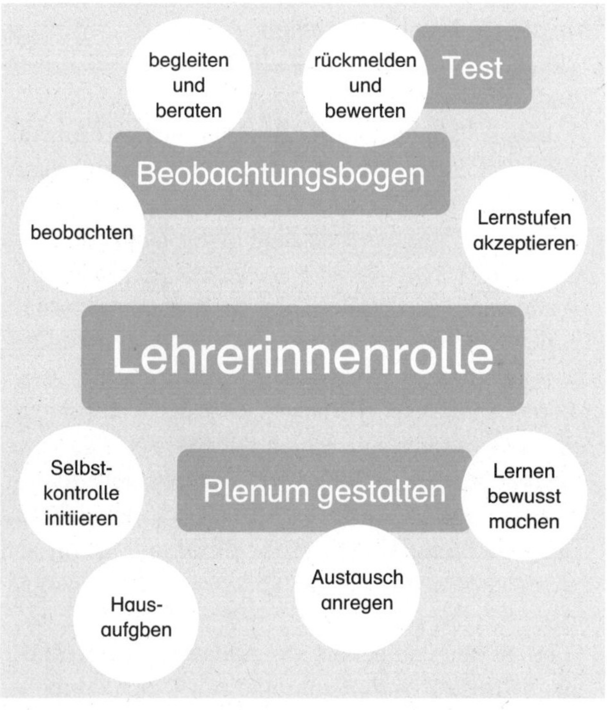

- Das Bereitstellen von geeignetem Material und von Anregungen ist die erste Aufgabe. Hier bietet Einstern die Grundlage.
- Zeit zur eigenen Arbeit geben, durch Rückmeldungen Zusammenhänge und Erfahrungen den Kindern bewusst machen, den Austausch anregen und möglichst auch Selbstkontrollmöglichkeiten für die Kinder anbieten, sind Grundpfeiler der Arbeit im Sinne eines kindgerechten Mathematikunterrichts.
- Über das Bereitstellen von Angeboten und entsprechenden Materialien sowie das Rückmelden von Beobachtungen an die Kinder gelingt es, bei den Kindern Dinge fragwürdig zu machen, Interesse zu wecken und Neugierde zu unterstützen.
- Die einzelnen Kinder bei ihren Lernprozessen beobachten, begleiten und beraten, ihnen die Beobachtungen zurückmelden, sicherlich auch bewerten und Impulse für die Weiterentwicklung des Lernprozesses setzen, beschreiben die Aufgaben im Unterrichtsalltag.

Diesen kindgerechten Mathematikunterricht ermöglicht und unterstützt Einstern.

Weiterführende Literatur:
Heinrich Winter: Mathematik entdecken. Neue Ansätze für den Unterricht in der Grundschule. Reformen und Gegenreformen. Entdeckendes Lernen. Kreatives Üben. Cornelsen Scriptor: Frankfurt am Main 1996.

1.2 Einzelaspekte bei der Umsetzung eines kindgerechten Mathematikunterrichts

Im Mittelpunkt des Unterrichtswerks Einstern steht das Kind. Die ersten Schritte in die Mathematik sollen die Kinder freudig erleben und selbst mitgestalten können. Jedes Kind soll ein tragfähiges Fundament aufbauen, das für das Verständnis von Zahlen, Größen, Rechenoperationen und Zusammenhängen unabdingbar ist. Klare, durchaus jedoch individuelle Strukturen stehen dabei im Vordergrund. Kindgemäße Arbeitsmaterialien und Anregungen zum selbstständigen Arbeiten sollen individuelles Lernen und individuelle Zeitgestaltung während des Anfangsunterrichts ermöglichen und fördern und gleichzeitig fachwissenschaftliche sowie fachdidaktische Strukturen einbeziehen.
Daraus leiten sich die Schwerpunkte der Arbeit ab, die den **methodisch-didaktischen Rahmen** bilden und die **unabdingbaren Möglichkeiten für die Kinder** beschreiben.

Jedes Kind soll:

- **eine fundierte Zahlvorstellung/ein fundiertes Zahlverständnis entwickeln.**
  Dazu gehört, dass die Kinder hinter den einzelnen Zahlen viele unterschiedliche Mengen mit jeweils den gleichen Anzahlen sehen und verstehen. Diese Anzahlen können und sollen dabei in unterschiedlichster Anordnung wahrgenommen und dargestellt werden.

- **Zahlen ordnen, vergleichen und in Beziehung setzen.**
  Über den Anzahlbegriff, den die Kinder umfassend erfahren, gelingt ihnen durch strukturierte Anordnungen, direkte Zuordnungen einzelner Elemente usw. ein direkter Vergleich und das Erkennen der Beziehungen, z. B. „größer als" und „kleiner als".

- **in dem von ihm überschaubaren Zahlenraum handlungsorientierte Vorstellungen zu den Grundrechenarten aufbauen und festigen.**
  Die Kinder sollen bewusst die Addition und Subtraktion als eine mathematische Betrachtung (Schreibweise) für unterschiedlichste Handlungen verstehen und verinnerlichen. Die Addition bedeutet dann für Kinder nicht nur das formale Umgehen mit einem Rechenzeichen, sondern eine Darstellung, hinter der sich ganz unterschiedliche Handlungen verbergen können. Dies kann heißen: etwas dazulegen, Steckwürfel draufstecken, weitere Teile in eine Tüte geben usw. Genauso verhält es sich mit der Subtraktion: etwas wegnehmen, Kerzen ausblasen, vom Tisch weggehen, wegfliegen, Dinge überkleben usw.

- **Rechenwege, Gesetzmäßigkeiten und Zusammenhänge erkennen, vergleichen, begründen und reflektieren.**
  Wenn die Kinder die Möglichkeit erhalten, zunächst ihre eigenen Wege beim Lösen von mathematischen Sachverhalten zu entwickeln, bauen sie parallel dazu ihre individuellen Lern- und Lösungsstrukturen sowie fachliche Strukturen der Mathematik auf und suchen bei der Lösung selbst Zusammenhänge und Gesetzmäßigkeiten. Über das eigene Tun und Denken erhalten sie die Möglichkeit, diese erst zu erkennen. Nun ist es wichtig, sie mit den Lösungen und Denkstrukturen anderer zu vergleichen, ihre eigenen zu begründen und sich mit Begründungen anderer Kinder auseinander zu setzen. Solche „indirekten" Aufgabenstellungen, die sich mit dem Prozess beschäftigen, sind für den Aufbau und die Reflexion des eigenen Handelns und Denkens unabdingbar.

- **Grundvorstellungen von Größen und den Umgang mit ihnen aufbauen und sie situationsbezogen anwenden.**
  Kinder gehen auch schon vor der Schulzeit sehr natürlich mit Größen um. Sie handeln und argumentieren mit Geld, mit Längen und auch mit Zeitangaben. Über Bezüge zu ihrem Alltag, zu ihrem eigenen Körper, zu ihrer Umwelt usw. und die Auseinandersetzung mit den Voraussetzungen der anderen Kinder werden sie zum Vergleichen, Sortieren und Anwenden angeregt. Dabei ist es sehr wichtig, dass sie klare Vorstellungen von Längen und Zeitangaben entwickeln. (Was ist etwa 1 cm lang? Welche Dinge kann ich nennen, die etwa 10 cm lang sind? Wie lang ist eine Minute? usw.) Dasselbe gilt für Geldbeträge, die für den Kauf unterschiedlichster Materialien aus dem Lebensbereich der Kinder aufgebracht werden müssen. Auch Zusammenhänge mit Geschenken, Kleidungsstücken usw. sind bewusst aufgenommen und sollen über die rein rechnerische Ebene hinausführen und die Kinder zu einer umfassenden Auseinandersetzung damit anregen.

- **geometrische Grundformen und Körper in seiner Umwelt und in Sachsituationen erkennen, identifizieren, beschreiben und sein Wissen und Können auch im Zusammenhang mit Lagebeziehungen, Flächeninhalten usw. anwenden.**
  Die Kinder kennen in der Regel die geometrischen Grundformen, können sie beschreiben und meist auch erkennen. Dies soll bewusst gemacht und vertieft werden. Gleichzeitig leiten sich daraus die einheitlichen Bezeichnungen dafür ab, die von den Kindern im Laufe des Anfangsunterrichts sicher angewandt werden sollen. Über die genaue Betrachtung ihrer Umwelt, die Selektion von solchen Grundformen und Grundstrukturen an Gegenständen im Klassenzimmer, an Häusern usw. erhalten die Kinder Sicherheit im Wahrnehmen und beim Beschreiben. Geometrie wird dadurch im Anfangsunterricht eher als Prinzip und weniger als zu lernender Inhalt verstanden.

- **in Sachsituationen und einfachen Zahldarstellungen mathematische Inhalte und Strukturen erkennen, beschreiben, mathematische Problemlösemöglichkeiten entwickeln und Ergebnisse reflektierend betrachten.**
  Auch hier ist die Ausgangsbasis und das Hauptziel, dass die Kinder differenziert wahrnehmen, Zusammenhänge erkennen, Schlussfolgerungen aus Bildfolgen ableiten usw.

1.3 Ansprüche an das Material

Aus den bisherigen Ausführungen ergeben sich notwendige Ansprüche an das Lernmaterial, dessen konkrete Anwendung im Unterrichtsalltag im Kapitel „Die Materialien für die Kinder“ noch genauer beschrieben wird.

Das Unterrichtswerk Einstern soll in Form von Themenheften zunächst den selbstständigen Zugang zu den Lerninhalten und Aufgabenstellungen ermöglichen. Kinder machen dabei Erfahrungen, entwickeln selbst Strategien (oder übernehmen sie auch von anderen Kindern), um sie nach ihrer Arbeit in Kleingruppen oder mit der ganzen Lerngruppe zu vergleichen, sie sich bewusst zu machen und ggf. zu verändern. Sie sollen sich alleine oder mit Partnern damit auseinander setzen und nicht nur zuvor erhaltene Erklärungen oder Vorgemachtes nachvollziehen.

Dazu muss das Material:

- **den Anspruch auf individuelles und selbstständiges Lernen der Kinder berücksichtigen.**
  Dies ist nur möglich, wenn einzelne Aufgabenstellungen so gestaltet sind, dass sie von den Kindern selbst erfasst werden können, und ihnen ohne weitere Hinweise verständlich ist, was sie zu arbeiten haben.

- **den Kindern ermöglichen, innerhalb eines vorgegebenen Angebots durch individuelle Auswahl den Lernprozess mitzugestalten und auf den eigenen Vorkenntnissen aufzubauen.**
  Unterschiedliche Vorkenntnisse werden akzeptiert, ohne den sofortigen Versuch zu unternehmen, die Unterschiedlichkeit möglichst rasch zu nivellieren. Trotzdem sollen sich alle Kinder die aus mathematischer Sicht notwendigen Grundlagen schaffen bzw. bewusst machen.

- **individuelles und selbstständiges Arbeiten in individuellem Tempo ermöglichen.**
  Jedes Kind sollte seine Arbeitsschritte selbst bestimmen und gestalten, selbstverständlich mit Rückmeldungen durch die Lehrerin.

- **das Miteinander- und Voneinanderlernen anregen und ermöglichen.**
  Hier geben die Aktionsbilder (rechts unten auf den Heftseiten) Anregungen. Auch ein Helfersystem unterstützt das Miteinander der Kinder.

- **unterschiedliche Repräsentationsebenen (Handlungen, Bilder, Symbole) auch noch im Lernprozess und nicht nur bei der Einführung berücksichtigen.**
  Auch auf den so genannten Übungsseiten wird immer wieder dieser Bezug hergestellt und angeregt, um nicht nur die symbolische Ebene als Höchstform darzustellen, sondern vor allem die Zusammenhänge und den Verstehenshintergrund immer wieder bewusst zu machen.

- **vor allem durch den häufigen Bezug zur Handlungsebene und deren Umwandlungen in Bilder und Rechnungen (andere Repräsentationsebenen) mathematisches Verständnis aufbauen** (s. obiger Punkt).

- **Übungen in den Lernprozess auf unterschiedlichen Schwierigkeitsebenen integrieren.**
  Durch die Ausrichtung an Einführungssituationen wird in der Regel schnell zur Endform des Lerngegenstandes übergeleitet und dieser dann mechanisch geübt. Bis dahin gibt es jedoch in der Regel viele Zwischenstufen, die bewusst in die Übungen eingegliedert sind. Diese Vorgehensweise ermöglicht dem einzelnen Kind erst das selbstständige Erarbeiten und Üben, das an den individuellen Lernstand angepasst ist.

- **auch mechanisches / automatisierendes Lernen in den Aufgabenstellungen berücksichtigen.**
  Manche Aufgabenstellungen verlangen geradezu, dass zur Lösungsfindung Teilaufgaben wiederholt, abgewandelt, umgewandelt usw. werden müssen. Dadurch ist konstantes Üben auch hier integriert.

- **lehrgangsbetontes, systematisches Lernen sowohl selbstständig für das einzelne Kind als auch mit den Kindern gemeinsam im Klassenverband ermöglichen.**
  Die Kinder sollten bei ihrer Arbeit in der Regel linear vorgehen und zumindest die Pflichtseiten bearbeiten und danach auch ihre Kenntnisse und Fähigkeiten unter Beweis stellen. Nur so ist das aufsteigende bewusste und lehrgangsbetonte Lernen möglich und der Nachweis des bereits vorhandenen Könnens und Wissens über die Pflichtaufgaben und die Lernkontrollen erbracht. Eine Beobachtung ohne die Bearbeitung der Pflichtaufgaben wäre sonst kaum möglich.

- **möglichst viele Differenzierungsebenen berücksichtigen.**
Die einfachste (leider auch häufigste) Differenzierung geschieht über die **Quantität**. Dem tragen wir mit dem Angebot von Pflicht- und Wahlaufgaben Rechnung. Pflichtaufgaben sind für alle Kinder unabdingbar. Entsprechend der Leistungsfähigkeit des einzelnen Kindes erfolgt diese Art der Differenzierung über die Erledigung von Wahlaufgaben durch das Kind selbst oder ggf. über die Festlegung der einzelnen Arbeiten durch die Lehrerin. **Qualitative Differenzierung** erfolgt zusätzlich durch das Material innerhalb der Wahlaufgaben. Hier sind Aufgaben mit Rückgriff und Bezug auf die Handlungsebene und auf bildliche Darstellungen mit entsprechenden Strukturierungen angeboten. Die Kinder wandeln Handlungen, Bilder oder Symbole entsprechend ihrer individuellen Leistungsfähigkeit in jeweils andere Repräsentationsebenen um. Zusätzlich sind **unterschiedliche Sozialformen** vor allem über die Aktionsbilder und Anregungen zu Gesprächsanlässen vorgeschlagen. Tätigkeiten und Gespräche, die über einzeln dargestellte Kinder in Aktionsbildern angeregt werden, können jeweils auch in Partner- oder Gruppenarbeit durchgeführt werden. (Häufig ist die „Einzelarbeitsdarstellung" durch die eingeengten Darstellungsmöglichkeiten bedingt.)
Offene Aufgabenstellungen erlauben ebenfalls eine qualitative Differenzierung durch das einzelne Kind. Hier können Kinder gerne auch ihr Wissen einbringen, das über den bewusst bearbeiteten Zahlenraum hinausgeht.
Auf diesem Wege erhalten alle Kinder die ihnen angemessen Differenzierung:
  - Sie differenzieren selbst über die Menge der bearbeiteten Angebote (freiwillig oder festgelegt) und über den Zeitaufwand, den sie für die Bearbeitung benötigen.
  - Sie erfahren eine Differenzierung über die Qualität der bearbeiteten Angebote, wobei sie die Qualität auch teilweise wieder selbst bestimmen.
  - Eine individuelle Differenzierung wird durch die angebotene Handlungsebene (Aktionsbilder) und die entsprechenden Sozialformen erreicht.
  - Der Lernfortschritt, den die Kinder in hohem Maße selbst beeinflussen und mitbestimmen und der ein individuelles Weitergehen ja erst ermöglicht, lässt ihnen die Möglichkeit, immer an ihrer Leistungsgrenze zu arbeiten. Sie müssen nicht warten, bis andere Kinder auch so weit sind, oder fühlen sich laufend gehetzt, weil durch das gleichschrittige Vorgehen bei einigen Kindern Langeweile aufkommt. So werden die notwendigen Grundlagen und -pfeiler über mehr Zeitaufwand und intensivere Beschäftigung mit den Inhalten geschaffen.

Mit anderen Worten: „Starke" Kinder suchen sich selbst höhere Ansprüche in offenen Aufgaben und in der Qualität der Wahlaufgaben und durchlaufen den Lernprozess eben in kürzerer Zeit. Nur dadurch lässt sich die in vielen Bundesländern bereits gewünschte, geförderte oder geforderte unterschiedliche Verweildauer von ein bis drei Jahren im Anfangsunterricht verwirklichen, ohne „Wiederholer" oder „Überspringer" zu erzeugen. Jedes Kind arbeitet in seinem Tempo und mit dem ihm möglichen Fortschritt im Lernprozess und erreicht damit das Ziel des Mathematikunterrichts der Jahrgangsstufen 1 und 2 (Inhalte von Einstern I, 1–6, und II, 1–6) in einem Jahr, in der Regel in zwei Jahren und im Bedarfsfall in drei Jahren.

1.4 Die Themenhefte im Überblick

Inhaltlich sind die Themen in einzelne Hefte gegliedert. Bereits dadurch erhalten und erkennen die Kinder eine klare Struktur. Die Themenhefte sind für Kinder überschaubar und besser handhabbar als ein dickes Buch. In der Übersicht beschreiben wir die Inhalte in Koppelung mit den zu erlernenden Fähigkeiten.

Themenheft 1 „Die Zahlen von 1 bis 6 / Geometrie":

- Die Zahlen von 1 bis 6 betrachten die Kinder aus möglichst vielen Blickwinkeln, lernen sie kennen und bauen eine sichere Zahlvorstellung mit allen Zahlaspekten auf (mit dem Zählen bringen die Kinder meist nur den Zählzahlaspekt mit).
- Sie unterscheiden verschiedene Flächenformen, verwenden sie in Mustern und Reihen und schulen damit auch differenziertes Beobachten. Die Kinder erkennen Lagebeziehungen und wenden diese in Beschreibungen an.

Themenheft 2 „Addition und Subtraktion der Zahlen von 1 bis 6":

- Im Zahlenraum von 1 bis 6 lernen die Kinder Grundlagen der Addition und Subtraktion als „Vorgangsbeschreibungen" kennen und sicher anwenden. Dieser eng gefasste Zahlbereich ermöglicht umfassende Erfahrungen auf der Handlungsebene und das Erfassen und Herstellen von entsprechenden Bildern.

Themenheft 3 „Die Zahlen von 7 bis 13":

- Die Zahlen von 7 bis 13 erfahren die Kinder ohne jegliche Hürde beim Zehnerübergang und erarbeiten sie über die additive Zerlegung jeweils auf der Grundlage des bisherigen Kenntnisstandes. Die Strukturierung in Zehner und Einer erfahren die Kinder als eine unter anderen Zerlegungsmöglichkeiten.

Themenheft 4 „Die Zahlen bis 20 / Verwandte Aufgaben":

- Die Zahlen von 14 bis 20 erarbeiten sich die Kinder in den ihnen nun schon bekannten Formen und Arbeitsweisen. Durch Analogieaufgaben übertragen sie die bisher gemachten und ausgeprägten Erkenntnisse und Fähigkeiten in den nun erweiterten Zahlenraum.

Themenheft 5 „Rechnen bis 20":

- Die bisherige Vorstellung, das bisherige Verständnis und Können bei der Addition und Subtraktion festigen die Kinder im erweiterten Zahlenraum bis 20. Sie erproben Nachbaraufgaben, das Verdoppeln und Halbieren, Analogieaufgaben usw. und lernen sie als Rechenhilfen kennen.
- In vielfältigen Übungen vertiefen, festigen und automatisieren sie den sicheren Umgang mit Addition und Subtraktion im Zahlenraum bis 20, was eine Grundvoraussetzung für späteres Rechnen in den erweiterten Zahlbereichen ist.

Themenheft 6 „Geld und Zeit / Symmetrie":

- Die Kinder lernen Münzen und Scheine kennen und stellen Geldbeträge zusammen. Sie gestalten und erfinden erste kleine Rechengeschichten über gespielte und dargestellte Situationen aus ihrem kindlichen Alltag und lösen sie.
- Am 24-stündigen Tagesablauf der Kinder lernen sie die Stunden kennen, zuordnen und ablesen.
- Symmetrische Figuren erkennen und überprüfen die Kinder auf vielfältige Weise und stellen selbst welche her.

Zur zeitlichen Verteilung der Inhalte

Einstern stellt das individuelle Arbeiten und den individuellen Lernfortschritt des einzelnen Kindes in den Mittelpunkt. Ebenso ist es möglich, gleichschrittig mit den Kindern die Inhalte zu bearbeiten, wobei auch hier Pflicht- und Wahlangebote individuell gestaltet werden sollten.

Bei einer individuellen Arbeit der Kinder bestimmt jedes Kind seinen eigenen Lernfortschritt. Die Abfolge der Arbeiten sind durch die Themenhefte bestimmt. Die aufeinander folgenden Themenbereiche stellen den Inhalt des „Stoffverteilungsplans" dar. Inhalte aus dem Themenheft 6 können dabei in den übrigen Ablauf integriert bzw. parallel dazu bearbeitet werden. Jedes Kind gestaltet seine Zeitleiste selbst und individuell.

Bei einem gleichschrittigen gemeinsamen Vorgehen müssen die Kinder ebenfalls in den Mittelpunkt gestellt werden. Auch hier ist ein Fortschreiten im Lernprozess an ihren Fähigkeiten und nicht an ihren erledigten Aufgaben orientiert. Ein vorher definierter und mit einer Zeitleiste versehener Stoffverteilungsplan kann sich nur am Durchschnitt orientieren und ist daher auch bei dieser Vorgehensweise in sich widersprüchlich. Aus unserer Sicht lassen sich Stoffverteilungspläne im herkömmlichen Sinne mit den Ansprüchen an eine offene Schuleingangsphase nicht mehr in Einklang bringen.

- Der **Zauberer Einstern** zeigt den Kindern als Leitfigur, wo Eintragungen vorzunehmen, Zeichnungen zu fertigen, Verbindungen herzustellen und Überlegungen anzustellen sind sowie Anregungen aufgegriffen werden können.
- Die **grafische Gestaltung** ist so ausgeführt, dass sie den Kindern oft zusätzliche Informationen gibt und ggf. auch die Lernaufgabe verdeutlicht.
- **Abbildungen am unteren Seitenrand**, mit einem Handabdruck gekennzeichnet, sind Anregungen für die Kinder (und die Lehrerin), den Sachverhalt in vorausgehenden, begleitenden oder zusätzlichen Handlungsebenen zu erfahren und zu vertiefen. Damit soll ganz bewusst die Gleichrangigkeit von Handlungsebene, ikonischer (bildlicher) und symbolischer Ebene im Sinne von Bruner betont werden, wobei die Handlungsebene in einem Buch eben nur über eine bildliche Darstellung angeregt werden kann.
  In diesem Zusammenhang wird auch die Begrenztheit eines Buches deutlich. Bücher können nur die Handlungsebene über Bilder oder Beschreibungen anregen, relativ gut Bilder und Skizzen darstellen (jedoch eher allgemein und nicht aus dem direkten Umfeld der Kinder) und natürlich über Zahlen, Buchstaben und Rechenzeichen auf der symbolischen Ebene fast alles anbieten. Daher ist im Unterrichtsalltag die Unterstützung und Förderung der Handlungsebene und des Gesprächs sehr wichtig und überall zu unterstützen.
- **Gelbe Felder im Inhaltsverzeichnis** dienen als Erledigungsvermerk und werden von den Kinder angekreuzt.
- Die **Zusammenfassung der Hefte in einem Schuber** signalisiert zunächst, dass die Themenhefte eines Jahrgangs als Gesamtwerk anzusehen sind: Das bisher übliche Schulbuch ist in insgesamt sechs Themenhefte aufgeteilt, die sich in einem Schuber befinden.
  Die Kinder können diese Schuber im Klassenzimmer abstellen und jeweils das derzeit aktuelle Themenheft zur Bearbeitung entnehmen. Alle Regelungen, z. B. wo die Schuber abgestellt werden, ob Hefte am Ende eines jeden Tages wieder zurückgestellt werden oder in der Schultasche verbleiben, ob sie auch mit nach Hause genommen werden usw., müssen in jeder Klasse zwischen der Lehrerin und den Kindern (evtl. auch in Absprache mit den Eltern) geklärt und festgelegt werden.
  Sicherlich ist auch denkbar, dass Kinder sich ein neues Themenheft zur Bearbeitung entnehmen, obwohl noch nicht alle „Kapitel" im aktuell bearbeiteten Themenheft entsprechend „beherrscht" werden und erledigt sind. Wir plädieren jedoch aus Erfahrung sehr für den Abschluss von Themenbereichen durch das einzelne Kind und eine aufbauende Vorgehensweise. Gleichzeitig erkennen wir jedoch auch gute „Ausgleichsmöglichkeiten" durch paralleles Bearbeiten, z. B. von geometrischen Inhalten oder von Sachsituationen. Bitte versuchen Sie jedoch auf jeden Fall nur solche Bearbeitungsweisen zu ermöglichen, die Sie entweder selbst erproben wollen oder hinter denen Sie aus Ihrer bisherigen Überlegung oder Erfahrung stehen können.

Inhaltsverzeichnis

Feld zum Markieren erledigter Aufgaben

2.2 Die Materialien für die Lehrerin

In den Lehrerhandreichungen finden Sie in Kapitel 1 die Darstellung der Grundlagen für diese Konzeption und die Arbeit in der Schule. Das Verständnis von einem kindgerechten Mathematikunterricht, die Bedingungsfaktoren und die Umsetzungsmöglichkeiten sind so dargestellt, dass sie in Auszügen auch den Eltern als Information zur Verfügung gestellt werden können. Hier bieten sich besonders auch die grafischen Darstellungen als Gesprächsgrundlage an.

Zu jedem Themenheft sind:

- allgemeine Hinweise und besondere Begründungen aufgeführt.
- für die einzelnen Kapitel Ziele formuliert.
- weitere Hinweise für die Unterrichtsgestaltung gegeben.
- Aufgaben als Tests zu jedem Themenbereich angefügt, mit denen ergebnisorientiert Lernfortschritte der Kinder festgestellt werden können.
- zusätzlich Beobachtungsbögen zur Verfügung gestellt, da in der Regel der Prozess und die Art und Weise der Ergebnisgewinnung bei Tests unbekannt bleibt.
  Damit wird der Lehrerin eine Beobachtungsstruktur zur Verfügung gestellt, mit der sie parallel zur Arbeit in der Klasse sowie während der Arbeit einzelner Kinder Beobachtungen, Lernschritte und Arbeitsweisen der Kinder dokumentieren kann. Diese Beobachtungsbögen stellen gleichzeitig eine gute Grundlage für Informationen an die Eltern und für Verbalbeurteilungen/-berichte dar (siehe auch noch „Hinweise zu den Beobachtungsbögen" im folgenden Kapitel).
- zusätzliche Materialien als Kopiervorlagen, ggf. Wochenhausaufgabenblätter usw., zur Verfügung gestellt.

2.3 Die Materialien zur Information der Eltern

Viele Eltern kennen die Schule und den Unterricht aus ihrer eigenen Schulzeit in der Regel noch sehr lehrerorientiert. Sie können sich kaum oder nur wenig vorstellen, dass die Kinder bei entsprechender Begleitung und entsprechendem Material alleine und mit anderen viel selbst entdecken und lernen können. Diese Unsicherheit und das vorhandene Unverständnis lösen verständlicherweise viele Rückfragen und leider teilweise auch Abwehr aus. Eine umfassende Information über das verwendete Material, den Umgang damit und die Arbeitsweisen in der Klasse sollten daher spätestens am ersten Elternabend nach Schulbeginn erfolgen. Die Erfahrung zeigt, dass die Eltern eine derartige Information bzw. ein Kennenlernen auch bereits vor Schulbeginn begrüßen und gerne annehmen.
Üblicherweise erfolgt diese Information dann vor allem mündlich und im Vortragsstil. Diese Form soll jedoch in der künftigen Unterrichtsarbeit deutlich reduziert oder gar durch das selbstständige Lernen der Kinder abgelöst werden.
Wir haben Ihnen deshalb „Lernstationen" als Informationsangebote für Eltern zur Verfügung gestellt, die Sie auf ganz unterschiedliche Weise einsetzen können.

Sie gliedern sich in insgesamt fünf Bereiche und informieren über:

- das Material, das selbstständiges Arbeiten und Lernen der Kinder ermöglicht.
- die Art und Weise, wie bei den Kindern Grundlagen gesichert werden.
- die vorhandenen Möglichkeiten, die den Kindern, der Lehrerin und den Eltern eine Übersicht ermöglichen.
- die Art des Arbeitens und Bewusstmachens, das die notwendigen sachlichen Grundlagen sichert.
- die veränderte Lehrerinnenrolle im Unterricht selbst und bei der Gestaltung der Lernumgebung in der Schule.

Diese Materialien, die Sie im Anhang als Kopiervorlagen finden, können nun ganz individuell, entsprechend der eigenen Vorstellung, eingesetzt werden:

a) Einzelne Informationsseiten können Sie den Eltern als Kopien zur Verfügung stellen. Die Zusammenstellung erfolgt nach Ihrer Schwerpunktsetzung und auf der Grundlage des Informationsbedarfs, den Sie bei den Eltern befriedigen wollen.
   So könnten Sie z. B. zunächst über Einstern und seine Absichten informieren.
   Es ist auch möglich, zunächst die Bedingungen für selbstständiges Arbeiten auf diese Weise zu beschreiben, um sich dann mit den Eltern über Unterstützungs- und Begleitsysteme zu unterhalten. Selbstverständlich kann ein derartiger Einstieg auch zunächst „nur" über den Umgang mit Einstern (Übersicht, Heftform und Schuber usw.) informieren.

b) Wir konnten mit der Bereitstellung aller Informationen als Wandplakate bzw. Lernstationen im Klassenzimmer sehr gute Erfahrung machen. Die entsprechenden Themenbereiche sind dann in je

einer Farbe als Kopien ausgehängt und zum Teil auch noch einzelne Seiten der Themenhefte als Verdeutlichung beigelegt (Kopien). Die Eltern erhalten am Elternabend z. B. ca. 45 Minuten Zeit, um sich in einem Rundgang oder gezielt an einzelnen Stellen durch Lesen oder ggf. selbstständiges Bearbeiten von einzelnen Heftseiten mit dem Material und dem Ansatz vertraut zu machen. Im Plenum werden dann Fragen geklärt und ggf. weitere Informationen angeschlossen.
Auf diese Weise kann das Grundprinzip eines derartigen Unterrichts von den Eltern selbst erfahren werden: „Erst Erfahrung, dann Erklärung." Neugierde wecken, Erfahrungen austauschen und sich dadurch weiterentwickeln, das erfahren die Eltern dadurch an sich selbst. Wichtig wäre uns in diesem Zusammenhang auch das Bewusstmachen der veränderten Lehrerinnenrolle: Die Lehrerin ist während der Informationsphase frei für Gespräche, fürs Begleiten und für Beobachtungen. Eltern, die diesen Freiraum währenddessen für sich in Anspruch nehmen, erfahren den positiven Effekt auch wieder an sich selbst. Bitte machen Sie dies den Eltern auf jeden Fall in der Abschlussrunde bewusst. Wir sind überzeugt davon, dass Sie damit schon viel Verständnis und Unterstützung für „Ihren" Unterricht aufbauen.

Weitere Informationen über die Bereitstellung der Stationen finden Sie im Anhang.

3 Die Arbeit mit Einstern

3.1 Die Arbeit in der Klasse oder der Lerngruppe

Allgemeine Vorbemerkungen

Das Unterrichtswerk Einstern ist für jeden Unterricht geeignet, besonders jedoch für offeneres, individualisierendes Arbeiten und vor allem auch für das in jahrgangsgemischten Lerngruppen notwendige offene und selbstständige Arbeiten in klaren Strukturen.

Bei den Kindern wird über den Aufbau, die Aufgabenstellung und die grafische Gestaltung das selbstständige Lernen angeregt und ermöglicht. Viele Elemente, die häufig in guten Einführungsphasen gemeinsam mit der Klasse bearbeitet werden, sind als anregende und fragwürdige Situationen gestaltet und fordern die Kinder zu selbstständigem Denken und Arbeiten heraus. Eher reaktive Kinder erhalten über die Beispiele und den Hinweis auf Lösungsmöglichkeiten ebenfalls die nötigen Anregungen. Das Material ist ganz bewusst so gestaltet, dass die Kinder ohne zusätzliche Vorbesprechungen oder Hinweise selbsttätig und selbstständig ihre Arbeit beginnen, durchführen und später möglichst auch überprüfen können.

Die Arbeit im Plenum

Häufig wird das Plenum als Frontalunterricht gesehen, in dem die Aktionen meist von der Lehrerin ausgehen und von ihr auch bestimmt werden. Diese Art des Plenums ist nach unserer Erfahrung bei der Arbeit mit dem Unterrichtswerk Einstern unnötig.

Wir sehen das Plenum als **Forum für die ganze Klasse**, in dem Einzelne, Partner oder Gruppen sich gegenseitig informieren, Anregungen geben, Ergebnisse betrachten und Erfahrungen austauschen. Die Lehrerin schafft dafür den Rahmen, koordiniert, bündelt, hinterfragt, fasst zusammen und gibt selbstverständlich auch Anregungen.

Im Mittelpunkt sollten jedenfalls Nachfragen sowie Betrachtungen und Optimierungen unterschiedlicher Lern- und Lösungswege stehen und nicht die Hinführung auf **ein** bestimmtes Ergebnis. Dies können die Kinder selbstständig während ihrer individuellen Arbeit leisten. Damit dient das Plenum selbstverständlich auch der Reflexion einzelner Einstiege, Zugangsweisen, Lösungsansätze und ermöglicht, dass sich die Kinder gegenseitig Anregungen geben.

Lust auf die Fortsetzung der Arbeit und das eigene Probieren machen und nicht nur Erklärungen weitergeben, ist das veränderte Ziel eines derartigen Plenums im Unterricht.

Das Plenum muss dabei nicht immer aus der ganzen Klassengemeinschaft bestehen, sondern kann sich auch auf einzelne Lerngruppen beziehen.

Selbstverständlich bieten auch die Handlungsbilder „Aufhänger", um im Plenum handelnd mit den Dingen umzugehen, Handlungen auf ganz unterschiedliche Weise durchzuführen, zu beschreiben und vor allem auch wieder die Bezüge zu den unterschiedlichen Repräsentationsebenen (Handlung, Bilder, Sprache und Symbole) herzustellen.

Zunächst scheint es „unpassend", dass in einem Plenum Sachverhalte besprochen (nicht erklärt) werden, die von einigen Kindern noch gar nicht bearbeitet, von anderen schon vor längerer Zeit und von manchen evtl. gerade „passend" angesprochen werden. Dies entspricht jedoch durchaus dem kindlichen Lernen und der kindlichen Auseinandersetzung mit Sachverhalten im Alltag. Dort sind die Kinder auch nicht jeweils mit derselben Sache beschäftigt, haben alles schon gemacht, wenn es besprochen wird, oder machen erst etwas, nachdem es besprochen wurde.

Da im Mittelpunkt die Anregung zum Vergleichen, Denken und Optimieren steht, können sich (fast) alle Kinder daran beteiligen. Einige Kinder werden sicherlich angeregt, sich künftig auch mit dem besprochenen Thema zu beschäftigen, andere erhalten Bestätigung oder können sich bereits als Experten einbringen. Wieder andere fühlen sich in ihrem augenblicklichen Denken und Arbeiten unterstützt oder können ihre momentanen Erfahrungen sofort einbringen.

Daher scheint es uns sehr wichtig, sich jeweils über den besprochenen Inhalt klar zu sein.

Stehen „Wege" und Prozesse im Mittelpunkt, bringt dies in der Regel allen Kindern Fortschritte oder Bestätigung und damit auch Mitsprachemöglichkeit. Steht allerdings der reine Sachverhalt und nicht der Vergleich von Lernwegen und deren Optimierung im Mittelpunkt, kann das Plenum jeweils nur von wenigen Kindern sinnvoll genutzt werden.

Bereits in den ersten Wochen des Anfangsunterrichts ist es empfehlenswert, den Kindern jeweils im Voraus den Schwerpunkt der „Beratungen" im nächsten Plenum anzukündigen. So haben sie die Möglichkeit, entweder auf diese Beratung zu warten oder sich bewusst schon vorher mit dem Sachverhalt zu beschäftigen, um eigene Erfahrungen einzubringen oder aber um all den „Neulingen" Erfahrungen und Erklärungen weiterzugeben. In jahrgangsgemischten Klassen wird dieser Zustand immer vorhanden sein und im Sinne eines Spiralcurriculums genau all die oben genannten Funktionen erfüllen (Interesse wecken, auf unterschiedlichen Ebenen denken, Verfahren austauschen, die für unterschiedliche Inhaltsebenen gelten, usw.). In jeder Klasse, in der die

Kinder ihren individuellen Lernfortschritt selbst gestalten können, gibt es dazu eigentlich keine sinnvolle Alternative, es sei denn, man trennt die Klasse wieder in viele kleine (scheinbar) „homogene“ Leistungsgruppen auf, was aus unserer Sicht auf Dauer nicht leistbar ist.

3.2 Die individuelle Arbeit der Kinder

Die Kinder entscheiden sich entweder selbst oder nach Festlegung durch die Lehrerin für den Beginn oder die Weiterarbeit an einem Themenheft und bearbeiten nach eigener Auswahl einzelne Seiten. Pflichtaufgaben müssen die Kinder im Wortsinne bearbeiten. Bei den übrigen Aufgaben können sie auswählen. Nach unserer Erfahrung entscheiden sich die meisten Kinder gerne für fast alle Wahlaufgaben, wenn sie ihre Arbeitszeit selbst bestimmen können. Aus unserer Sicht ist ein lineares Vorgehen durchaus angeraten. So findet ein kontinuierlich aufbauender Prozess statt. Jedoch sollten auch hier Kinder durchaus an einer (fast) beliebigen Stelle einsteigen können. Sie erfahren letztendlich dann selbst, ob sie den Anforderungen bereits gewachsen sind.

Die Arbeit wird zum einen durch die Einträge selbst, zum anderen auch durch den Erledigungsvermerk in der einführenden Übersicht jedes Heftes dokumentiert. Die Kinder kreuzen in der Inhaltsangabe jeweils das entsprechende Kästchen als Erledigungsvermerk an.

Die Selbstkontrolle erfolgt, wo immer möglich, durch die Kinder. Hilfreich ist dabei der Lösungsband zu Einstern 1 (BEN 800952). Er ist so aufgebaut, dass die Kinder damit eigenständig ihre Lösungen überprüfen können. Natürlich ist es auch möglich, bereits vor Schuljahresbeginn je ein Themenheft als „Lösungsheft“ selbst auszufüllen und dies den Kindern zur Verfügung zu stellen.

Die Erfahrung zeigt, dass auch relativ oft Partnergruppen entstehen, die parallel denselben Inhalt bearbeiten und teilweise schon direkt in Form von Partnerkontrolle oder aber anschließend gemeinsam mit dem Lösungsheft vergleichen.

Im Sinne individuell angemessener und eigener Zeitgestaltung ist es wünschenswert, dass die Kinder wenigstens in einem bestimmten Rahmen die Abfolge ihrer Arbeit und die Zeiteinteilung selbst gestalten (eine wichtige Schlüsselqualifikation!).

Einzelne Kinder oder eine ganze Lerngruppe können dann am Ende ihrer Arbeitsphase über „Vormachen“, den kurzen Test sowie auch über die Beobachtung durch die Lehrerin ihren Leistungsnachweis erbringen.

3.3 Die Rolle der Lehrerin

3.3.1 Die veränderten Tätigkeiten im Unterricht

Anregen, Begleiten, Beobachten, Bestätigen, Reflektieren, Rückmelden – eine Kurzform der Arbeitsbeschreibung?!

Anregen durch die Bereitstellung des Materials, z. B. je eines Themenheftes aus Einstern, und durch Material, das zur Handlungsebene anregt.

Hier ist alles sinnvoll, was sich zur Mengenbildung und zum Erkennen und Aufbauen von Strukturen eignet. Bitte denken Sie dabei nicht nur an bereits strukturierte Materialien, sondern durchaus auch an „normales“ Spielzeug, z. B. Bauklötze, Spielkärtchen, Steckwürfel, Rechenkarten, den Taschenrechner „Little Professor“ (z. B. vom Heinevetter-Verlag), Merkmalsklötzchen, Spielzeugautos, Perlen, Steinchen, Spiegel, Lego, Legeplättchen usw.

Begleiten durch Mithilfe:

- bei der Auswahl von Seiten im Themenheft.
  Dabei nochmals zur Erinnerung: Unsere vorgegebene Reihenfolge der Seiten macht aus unserer Sicht durchaus Sinn, muss aber nicht für jedes Kind die alleinige und richtige Reihenfolge darstellen!
- bei der Auswahl von Materialien.
- bei der Auswahl von „Mitarbeitern“.
- durch **positive** und **aufmunternde Rückmeldungen und Bestätigungen**:
  - für die Versuche,
  - für die Arbeit,
  - für die Erfolge usw.

Beobachten:

- beim Arbeitsbeginn,
- bei der Auswahl von Unterlagen und Materialien,
- bei den Lösungsversuchen und -wegen,
- beim Argumentieren,
- beim Umgang mit den Mitschülern usw.

Überall werden Prozesse beobachtet, die dann auch die dafür notwendige Zeit der Lehrerin in Anspruch nehmen. Kurzes Hinsehen auf das Blatt, fast im Vorbeigehen, ist immer nur auf das Ergebnis (und leider oft auch nur auf Fehlersuche) ausgerichtet.

Sich als Lehrerin:

- zu den Kindern hinsetzen,
- sie beobachten,
- sie zum lauten Denken anregen,
- zurückfragen oder
- Fragen provozieren,

dann erfahren Sie etwas über die Denk- und Arbeitsweisen der Kinder. Sich dazu die Zeit nehmen ist unabdingbar und nur möglich, wenn die Kinder während dieser Zeit alleine arbeiten. Sich dabei auch mal umsehen und feststellen, dass die anderen Kinder währenddessen alleine, miteinander und voneinander lernen, tut gut und gibt einem selbst neuen Mut! Dasselbe gilt auch beim Wahrnehmen der Lautstärke: Beobachten Sie die Kinder, über was sie sich unterhalten, und bedenken Sie erst dann die evtl. zu stark wahrgenommene Lautstärke neu.

Bestätigen Sie, **sooft es geht**, auch kleine Schritte im Lernprozess und bitte nicht nur richtige Ergebnisse! Bestätigung baut auf, stachelt an und schafft Selbstvertrauen, was beim selbstständigen Arbeiten eine notwendige Grundvoraussetzung ist.

Reflektieren Sie **für sich** gemachte Beobachtungen und gemeinsam mit den Kindern ihre Arbeit, ihre Lernschritte, ihre Lösungsstrategien. Grundlagen für eine Reflexion sind:
- „Ich habe es so gemacht, weil ..."
- „Ich habe zuerst ... gemacht, weil ..."
- „Ich habe mit ... zusammengearbeitet, weil ..."

Rückmelden (nicht gleich werten), was Sie beobachten, was Ihnen auffällt, was Sie an Unterschieden feststellen usw. Dazu zählt, wie Sie die Arbeitsleistung einschätzen, was Ihnen gefällt, was Sie beunruhigt, wie toll Sie einen Gedanken finden, wie gut jemand zuhören kann usw. Außerdem gehört dazu, dass Sie die Themenhefte bzw. die Arbeitsergebnisse ansehen, wertschätzen, auf Korrekturen aufmerksam machen, Hilfssituationen erkennen und anbieten und vor allem bereits während des Lernprozesses Schüler auf die „richtige Spur bringen" und nicht erst nach der Feststellung, dass jemand etwas doch nicht kann.

Grundlagenbildung benötigt Zeit und unterschiedliche Wege, für jedes Kind seine individuelle Zeit und seine individuellen Wege! Haben Sie bitte Geduld mit sich und den Kindern! So wie wir bei Kleinkindern akzeptieren, dass sie zu unterschiedlichen Zeiten das selbstständige Gehen/Laufen lernen, so sollten wir ihnen hier auch ihre unterschiedlichen „Mathematik-Lernzeiten" zugestehen. (Man merkt beim Gehen/Laufen eines älteren Kindes später nicht mehr, wann es anfing, erste eigene Schritte zu gehen!)

3.3.2 Die Zeitfrage

Sie fragen sich sicher: „Und woher nehme ich die Zeit dafür?"
Wenn **die Kinder von Anfang an** die Möglichkeit erhalten und sich dazu in der Lage sehen, allein zu arbeiten, sich mit anderen auszutauschen, sich von anderen beraten zu lassen, bei anderen Hilfe zu holen usw., wird der Weg zur Lehrerin weit weniger oft gesucht als in einem Unterricht, bei dem von der Lehrerin die Einführung und die Ersterklärung kommt und auch weitere Hilfen erfolgen. Wer den Kindern etwas zutraut und auch zumutet, wird sicherlich sehr angenehm überrascht sein. Dann entstehen Zeiten zum Beobachten, zum Unterstützen, zum Hinterfragen usw. und es entwickelt sich ganz von alleine eine neue Lehrerinnenrolle.
Im Plenum sollten Sie dazu ermuntern, dass Kinder ihre Gedanken darstellen, ihre Lern- und Lösungswege beschreiben sowie ihre Strategien offen legen. Dann profitieren alle davon: Wer es genauso macht, erhält Bestätigung, wer es anders gemacht hat, kann ggf. Verbesserungen und damit Lernhilfen erhalten und erkennen. Die reine Orientierung am Ergebnis kann dies alles nur bedingt oder gar nicht leisten. Dort ist dann nur wichtig, wer das richtige Ergebnis gefunden oder auch nicht gefunden hat. Selten wird zum Nachdenken angeregt, warum man diese Lösung gefunden hat oder mit welchen Überlegungen es einem vielleicht doch auch gelungen wäre (so gelungen, wie den anderen ja auch).

3.3.3 Ein Helfersystem aufbauen

Sich selbst und die Kinder durch den Aufbau eines Helfersystems entlasten.
Dazu wird jeweils ein Themenheft als „Helferheft" benötigt. Es liegt an einer vereinbarten Stelle aus. Kinder, die sich als „Experten" für einen Sachverhalt, für eine Heftseite empfinden, kleben auf diese Seite ein Post-it-Blättchen mit ihren Namen. Am Schuljahresbeginn könnten dies auch Symbole oder Fotos von Kindern sein, weil z. B. die anderen den Namen noch nicht lesen können. Nur bedingt sind auch kleine Wäscheklammern mit Bildern oder Namensschildern möglich, da sich hier die Seitenzuordnung nicht mehr genau ergibt und die Klammern sicherlich abfallen.
Bei eher gleichschrittiger Vorgehensweise kann sich diese Differenzierung und Helfersituation z. B. auch durch das Aufhängen/Auslegen einzelner Seiten an der Pinnwand oder auf einer Ablage ergeben. Hier könnten die Kinder dann z. B. Wäscheklammern mit ihrem Namen als Hinweis auf Helfer gut anbringen. So kann sich ein Kind als Experte ausweisen und anderen Kindern Hilfen oder Hinweise geben.
Wer Hilfe benötigt, sucht sich die entsprechende Seite und den dort hoffentlich schon vermerkten „Experten" oder lässt sich durch eine Erklärung der Lehrerin selbst zum „Experten" ausbilden und kennzeichnet dies später entsprechend.

3.3.4 Lernstandsdiagnose

Eine Lernstandsdiagnose findet möglichst laufend durch Beobachten und kleine Tests statt. So sehen wir Qualitätssicherung. Sie sollte sich produktiv in den Lernprozess integrieren und nicht nur am Ende mögliche Defizite erkunden. Nur auf diesem Wege können die Lernwege positiv mitbeeinflusst und gestaltet sowie Misserfolgserlebnisse vermindert oder im günstigsten Fall auch verhindert werden.

Tests

Die Tests sind ergebnisorientiert an die Arbeit im Themenheft mit den einzelnen Schwerpunkten gekoppelt.

Sie beziehen sich in der Regel auf überschaubare Bereiche und sind von den Kindern in fünf bis 15 Minuten zu bearbeiten. Sie können am Ende einer Lernphase entweder von der ganzen Klasse oder von einzelnen Kindern bearbeitet werden. Sie geben jedoch nur über das Erreichen eines bestimmten Ergebnisses Auskunft, nicht über den Arbeitsweg. Daher sollten sie auf jeden Fall mit den Beobachtungsbögen gekoppelt gesehen und bewertet werden.

Bei den Tests ist in der Regel eine Musteraufgabe angegeben oder der genaue Hinweis auf die gewünschte Arbeit. Anschließend sind in der Regel mindestens drei Aufgaben zum Lösen angeboten. Damit kann trotz einem wie auch immer gearteten Fehler an einer Aufgabe noch die Fähigkeit an zwei anderen Aufgaben nachgewiesen werden.

Die Tests sind bewusst in „kleinen Portionen" angelegt. Im Bedarfsfall, wenn Ausdauer o. Ä. mit überprüft werden soll, sind gegen Ende des Schuljahres auch Zusammenfassungen zu einem umfangreicheren Test denkbar und möglich.

Beobachtungsbögen

Beobachtungsbögen sind Hilfen zum Beobachten von Lernwegen und Prozessen.

Die Beobachtungsbögen enthalten Aussagen zu den Lernleistungen, die über einen Test nicht abprüfbar sind. Sie stellen gleichzeitig die aufsteigenden Lernstufen innerhalb eines Themenbereiches dar. Sie sind zum einfachen Ankreuzen geeignet, wobei wir empfehlen, ggf. auch das Datum jeweils zu vermerken. Die Beobachtungsbögen stellen damit stets den jeweiligen Lern- und Leistungsstand eines Kindes dar, womit auch deutlich wird, dass zu einem Zeitpunkt auch z. B. nur eine bestimmte Aussage „überprüft" und angekreuzt wird.

Die Aussagen der Beobachtungsbögen beschreiben die verfolgten Ziele und Schritte, also die Stufen im Lernprozess. Sie sind daher nicht auf das Endprodukt, sondern auf den Prozess ausgerichtet. Deshalb können sie zunächst auch als Strukturierungshilfe für den Lernprozess und als Hinweis auf die „normalen" Lernstufen angesehen werden.

Es sind jeweils zwei Leerzeilen eingefügt, die der Lehrerin eigene Eintragungen bzw. Ergänzungen ermöglichen.

Beobachtungsbögen können als Information an die Eltern dienen.

Aus unserer Sicht bietet es sich durchaus an, diese Beobachtungsbögen den Eltern vor- und gerne auch zur Verfügung zu stellen. So sind Transparenz, das gemeinsam zu erreichende Ziel inklusive der „Wegbeschreibung" und Offenheit leicht zu verwirklichen bzw. dargestellt. Der Lernprozess der Kinder kann auf diese Weise präzise verdeutlicht und gleichzeitig der Hintergrund der Beobachtung und Bewertung transparent dargestellt werden. Als Nebeneffekt wird den Eltern die Prozess- und nicht nur die Ergebnisorientierung deutlich.

Es empfiehlt sich, für jedes Kind zu den entsprechenden Inhalten einen Beobachtungsbogen anzulegen und dort die Beobachtungen ggf. mit Datumseintrag zu dokumentieren. Gleichzeitig ist dies auch die Grundlage für Förderpläne, Lernhilfen und selbstverständlich für Elterngespräche und Bewertungen.

3.3.5 Hausaufgaben

Hausaufgaben möchten viele Lehrkräfte erteilen, die Eltern auf jeden Fall und viele Kinder vor allem im Anfangsunterricht auch haben. Es gibt keine eindeutige Aussage dazu. Wenn Sie von Hausaufgaben überzeugt sind, dann geben Sie bitte welche oder beschreiben den Rahmen dafür. Wir sehen dabei folgende Möglichkeiten:

- Die Kinder sollen im Themenheft eine oder mehrere zusätzliche Aufgaben lösen, die sie selbst auf der Grundlage ihres aktuellen Standes aussuchen und mit der/denen sie ihren Eltern und der Lehrerin zeigen wollen, was sie bereits können oder wo sie noch etwas üben wollen.
- Schon frühzeitig sind Wochenhausaufgaben möglich. Die Kinder erhalten ein kopiertes Blatt mit wenigen Aufgaben, die bereits für jeden einzelnen Wochentag aufgegliedert sind. Auch hier sollte es so sein, dass die Kinder damit zeigen können, was sie bereits selbstständig und ohne fremde Hilfe lösen und leisten können.
- Geben Sie den Kindern die Chance, selbst Aufgaben zu erfinden und zu lösen. Dies ist eine sehr produktive Hausaufgabe!
- Und so weiter.

Entscheidend ist, dass Sie den Eltern Ihre Hausaufgabenpraxis erläutern und vor allem auch begründen. Es muss allen deutlich werden, dass Hausaufgaben für die Kinder da sind, dass sie dabei etwas zeigen und ggf. für sich üben wollen und dass sie daher mit ihren Lernansprüchen und Lernvoraussetzungen im Mittelpunkt stehen, wie:

- Freude an der eigenen Arbeit erhalten und weiterentwickeln,
- Ausdauer im Rahmen des Anfangsunterrichts zeigen,
- Gesprächsanlass über das Können und die Inhalte in der Schule mit den Eltern bieten,
- Leistungsbereitschaft in einem überschaubaren inhaltlichen und zeitlichen Rahmen zeigen,
- ein positives Gefühl und eine positive Einstellung zu Hausaufgaben entwickeln,
- usw.

Dabei sind mehrere Dinge zu beachten: Nicht die Menge der behandelten Stoffe (und damit auch der Hausaufgaben) sind für den Unterrichts- und Lernerfolg förderlich, sondern zunächst die Art und Weise der Arbeit und die Auswahl von Aufgaben und Lernleistungen. Als viel wichtiger sehen wir die Möglichkeit und vor allem auch den Wunsch der Kinder an, im Rahmen eines Nachmittags (nach der Schule) zusätzliche Leistungen zu erbringen – und da sollten 15 Minuten für Mathematikhausaufgaben bereits die tägliche Obergrenze darstellen!

Wir sollten die Qualität nicht mehr über die Quantität definieren, dies sei ein Relikt des 20. Jahrhunderts, meinte ein Bildungsforscher während einer „PISA-Diskussion“ beim Bildungskongress Baden-Württemberg am 29. und 30. April 2003 in Ulm.

3.3.6 Differenzierung

Die einfachste (leider auch häufigste) Differenzierung geschieht über die **Quantität**. Dem tragen wir mit dem Angebot von Pflicht- und Wahlaufgaben Rechnung. Pflichtaufgaben sind für alle Kinder unabdingbar. Entsprechend der Leistungsfähigkeit des einzelnen Kindes erfolgt diese Art der Differenzierung über die Erledigung von Wahlaufgaben durch das Kind selbst oder ggf. über die Festlegung von weiteren Arbeiten durch die Lehrerin.

Qualitative Differenzierung erfolgt bereits durch das Material innerhalb der Wahlaufgaben. Hier sind Aufgaben mit Rückgriff und Bezug auf die Handlungsebene und auf bildliche Darstellungen mit entsprechenden Strukturierungen angeboten. Die Kinder wandeln Handlungen, Bilder oder Symbole entsprechend ihrer individuellen Leistungsfähigkeit in jeweils andere Repräsentationsebenen um und können dabei natürlich gerne individuell auch noch durch die Lehrerin unterstützt werden.

Zusätzlich werden **unterschiedliche Sozialformen** als Differenzierungsmittel vor allem über die Aktionsbilder und Anregungen zu Gesprächsanlässen vorgeschlagen. Tätigkeiten und Gespräche, die über einzeln dargestellte Kinder in Aktionsbildern angeregt werden, können jeweils auch in Partner- oder Gruppenarbeit durchgeführt werden. Selbstverständlich ist ein Aufgreifen im Plenum als weiteres Differenzierungsmittel anzusehen. Dort ist dann Nachmachen, Vormachen, Reflektieren, Verbessern usw. jeweils möglich. (Häufig ist die „Einzelarbeitsdarstellung“ im Aktionsbild durch die eingeengten Darstellungsmöglichkeiten bedingt.)

Offene Aufgabenstellungen ermöglichen den Kindern selbst wieder eine inhaltliche und damit qualitative Differenzierung. Hier können Kinder gerne auch ihr Wissen einbringen, das über den bewusst bearbeiteten Zahlenraum hinausgeht. Zusätzliche äußere Differenzierungsmaßnahmen durch die Lehrerin sind aus unserer Sicht nicht notwendig.

Auf diesem Wege erhalten alle Kinder die ihnen angemessene Differenzierung:

- Sie differenzieren selbst über die Menge der bearbeiteten Angebote (freiwillig oder festgelegt) und über den Zeitaufwand, den sie für die Bearbeitung benötigen.
- Sie erfahren eine Differenzierung über die Qualität der bearbeiteten Angebote, wobei sie die Qualität auch teilweise wieder selbst bestimmen.
- Eine individuelle Differenzierung wird durch die angebotene Handlungsebene (Aktionsbilder) und die entsprechenden Sozialformen erreicht.
- Der Lernfortschritt, den die Kinder in hohem Maße selbst beeinflussen und mitbestimmen und der ein individuelles Weitergehen ja erst ermöglicht, lässt ihnen die Möglichkeit, immer an ihrer Leistungsgrenze zu arbeiten. Sie müssen nicht warten, bis andere Kinder auch so weit sind, oder fühlen sich als eher schwache Kinder laufend gehetzt, weil durch das gleichschrittige Vorgehen bei einigen Kindern Langeweile aufkommt. So werden die notwendigen Grundlagen und -pfeiler über mehr Zeitaufwand und intensivere Beschäftigung mit den Inhalten geschaffen.

  Mit anderen Worten: „Starke“ Kinder suchen sich selbst höhere Ansprüche in offenen Aufgaben und in der Qualität der Wahlaufgaben und durchlaufen den Lernprozess eben in kürzerer Zeit. Nur dadurch lässt sich die in vielen Bundesländern bereits gewünschte, geförderte oder geforderte unterschiedliche Verweildauer von ein bis drei Jahren im Anfangsunterricht verwirklichen, ohne „Wiederholer“ oder „Überspringer“ zu erzeugen. Jedes Kind arbeitet in seinem Tempo und mit dem ihm möglichen Fortschritt im Lernprozess und erreicht damit das Ziel des Mathematikunterrichts der Jahrgangsstufen 1 und 2 (Inhalte von Einstern I, 1–6, und II, 1–6) in einem Jahr, in der Regel in zwei Jahren und im Bedarfsfall in drei Jahren.

4 Themenheft 1: Die Zahlen von 1 bis 6 / Geometrie

4.1 Allgemeine Hinweise, Ziele und Begründungen

Die Zahlen von 1 bis 6 werden insgesamt sehr intensiv betrachtet, da es den Kindern in diesem überschaubaren und häufig in vielen Bereichen schon sicheren Zahlenraum möglich ist, die unterschiedlichen Zahlaspekte grundlegend kennen zu lernen bzw. zu vertiefen.
Die Begründung für die Wahl der Zahlen von 1 bis 6: In der Regel sind Mengen mit bis zu fünf Elementen auf jeden Fall simultan erfassbar, ohne dass das Auge bereits wieder Untergruppen bildet, meist auch noch bis sechs. Zusätzlich kennen die Kinder alle einen Würfel, den wir als einen Repräsentanten verwenden. Durch die Wahl der Zahlen von 1 bis 6 soll die alleinige Reduzierung auf die fünf Finger einer Hand als nahe liegende Repräsentanten vermieden werden.
Ziel ist, dass die Kinder eine umfassende Zahlvorstellung in dem Zahlenraum entwickeln, der leicht und überwiegend noch simultan erfassbar ist.

Diese Zahlvorstellung enthält:
- den Anzahl- oder Kardinalzahlaspekt (Anzahl der Elemente von Mengen),
- den Zählaspekt (natürliche Zahlfolge),
- den Kodierungsaspekt (Autonummern, Telefonnummern usw.) und
- den Ordnungszahlaspekt (Reihenfolge z. B. bei Stockwerken, Siegerplätzen usw.).

Die Vorstellung, was sich z. B. alles hinter der Zahl 4 „verstecken" und durch was sie dargestellt werden kann, ist Voraussetzung, um später eine Vorstellung von den Rechenoperationen zu entwickeln.

4.2 Anregungen für einen Einstieg und begleitende Handlungen

Die ersten Mathematikstunden

Ein Unterrichtsgang zum Erkunden des Schulhauses und der Umgebung, meist im Rahmen des Schulweges und der Verkehrserziehung gemacht, erhält eine neue oder zusätzliche Ausrichtung: Zahlen suchen und deren Bedeutung beschreiben. Dies ermöglicht jedem Kind, sich mit seinen Erfahrungen verbal einzubringen, und gibt der Lehrerin bereits in den ersten Tagen einen Überblick über die Vorkenntnisse und das Verständnis der Kinder.
Wer noch weitergehen möchte, kann dabei bereits eine Kamera einsetzen und die Beobachtungen auf diese Weise mit ins Klassenzimmer nehmen. Dort können die Bilder dann später beschrieben, nach unterschiedlichen Gesichtspunkten geordnet und immer wieder zum Vergleich oder Verdeutlichen herangezogen werden.
Es können Darstellungen mit Zahlen auf Bildern gesammelt, ausgeschnitten und aufgeklebt oder aber auch zählbare Gruppierungen mit einem Zahlkärtchen gekennzeichnet werden.

Die Einführung in die selbstständige Arbeit mit dem Themenheft

Wir beschreiben die ersten Schritte mit Einstern relativ umfangreich und kleinschrittig, um Ihnen den Mut für die ersten Stunden und vor allem für die Übergabe der Verantwortung an die Kinder zu machen. Für die Kinder sehen wir keine Schwierigkeiten beim Bearbeiten der entsprechenden Inhalte. Sie sind ihnen in der Regel in diesem Zahlenraum geläufig sowie rasch zu überblicken und umzusetzen. Manche Kinder müssen beim Umgang mit dem Material Anregungen und Begleitung erfahren. Die Lehrerin hingegen erlebt, dass die Kinder die Sachverhalte rasch erfassen oder sie sich auch von anderen Kindern erklären lassen. In einer jahrgangsgemischten Klasse ist diese Einführungsphase viel weniger wichtig, da es in der Klasse genug Kinder gibt, die alles schon kennen und können und den Schulneulingen gerne behilflich sind.
Ziel dieser Phase ist, dass die Kinder das Material und den Umgang damit kennen lernen und beim aktiven Tun rasch erfahren, dass sie selbst viel erkennen, sich mit anderen austauschen und besprechen können. Erst nach der Bearbeitung sollen sie selbst Auskunft über ihre Arbeit und Vorgehensweise geben oder von anderen Kindern darüber Auskünfte erhalten.

Die Einführungsphase möchten wir zunächst für die ersten vier Seiten beschreiben.

Seite 4 im Themenheft

Die Kinder beschreiben z. B. im Sitzkreis die Figur Einstern und nennen aus ihrer Sicht, was sie auf der Seite 4 alles entdecken können. Dabei steht das genaue Beobachten und Beschreiben im Vordergrund und nicht die Inhaltsebene. Die Kinder beschreiben z. B. sein Aussehen, seine Kleidung, seinen Hut, den Zauberstab mit dem Stern, den Stift, mit dem er etwas macht, die „Ergebnisse", die Einstern mit dem Stift produziert, usw. Um das genaue Beobachten und den Kontakt zu Einstern zu vertiefen, können die Kinder selbst den Einstern auf der Kopiervorlage ausmalen (KV 1: Einstern ausmalen).

Seite 5 im Themenheft

Das genaue Beobachten sollte auch bei dieser Seite zunächst im Mittelpunkt stehen. Die Kinder beschreiben, was sie sehen, was ihnen bei der Farbgestaltung auffällt, zu was sie einen Bezug haben, was sie selbst

evtl. auch besitzen usw. Solche Gegenstände können die Kinder z. B. von zu Hause mitbringen und im Stuhlkreis vorstellen. So können sie „passende“ Gegenstände zusammenlegen und deren Anzahl bestimmen (Handlungsebene).
Einstern hat nur Bilder und kann sie daher nicht zusammenlegen. Trotzdem will er wissen, wie viele ähnliche Gegenstände es jeweils gibt. Die Kinder sollen möglichst viele und unterschiedliche Vorschläge machen und dazu Stellung nehmen. Sie sollen dabei erkennen, wie es Einstern macht: Er macht für jeden Gegenstand einen Strich oder einen Punkt. Mit den Gegenständen im Stuhlkreis kann ähnlich verfahren werden. Sie können zusammengelegt oder auch auf einem Zettel jeweils nacheinander mit einem Strich gekennzeichnet werden (z. B. ein Strich für die weibliche Puppe und ein Strich für die Kasperpuppe). Nun können die Kinder selbst in ihrer Art die Gegenstände auf den Bildern auf der Seite 5 in „Striche“ bzw. „Punkte“ übertragen.
In einem nächsten Plenum (z. B. am Folgetag) stellen einzelne Kinder vor, **wie** sie vorgegangen sind. „Ich habe für die Mädchenpuppe einen Strich gemacht und sie dann ausgemalt (oder sonst wie gekennzeichnet). Dann habe ich für die Kasperpuppe einen Strich gemacht und sie auch ausgemalt.“ „Warum hast du ausgemalt?“ „Weil ich so am Schluss sehen konnte, dass ich für jedes Ding einen Strich gemacht habe.“ Solche Gespräche laufen schon in der ersten Schulwoche ab, wenn die Kinder nicht nur ihre Ergebnisse nennen, sondern vor allem auch ihre Arbeitsweisen beschreiben können.
Hier sollten Sie die Kinder sehr für ihre Arbeit, für ihre Aussagen, für ihre unterschiedlichen Wege loben und ihnen damit eine ihrer wichtigsten Aufgaben, die immer wieder genannt werden sollte, bewusst machen: „Einstern ist der Experte für das, **was** gemacht wird. Jedes einzelnen Kind ist der Experte dafür, **wie** es gemacht wird!“

Seiten 6 und 7 im Themenheft

Die Seiten 6 und 7 sind ebenfalls Pflichtseiten und eignen sich daher nochmals bestens für die ersten gemeinsamen Schritte.
Es empfiehlt sich, die Spielsituation aus dem Aktionsbild von Seite 6 für eine gemeinsame Phase im Plenum aufzunehmen. Die Kinder beschreiben eine bereits gelegte Ausgangssituation, die Gegenstände, unterschiedliche Gruppierungen, Zahlkärtchen usw. Einzelne Kinder ordnen richtig zu und begründen ihre Arbeit. Mit Partnern können die Kinder diese Phase vertiefen und beim Finden von Gruppierungen viel Fantasie einbringen. Erst dann sollten die Kinder angeregt werden, Einstern auf der Seite 6 zu unterstützen und diese selbst zu bearbeiten. Es ist normal, dass die Kinder erst fragen oder ganz andere Aufgabenstellungen finden und bearbeiten. Sie sollen auch erst durch aktives Tun herausfinden, wie Einstern Aufgabenstellungen verdeutlicht und zur Arbeit anregt.
Geben Sie bitte den Kindern die Möglichkeit, die blaue Farbgebung der ersten Aufgabe (Musteraufgabe), den blauen Strich, die blaue Verbindungslinie alleine zu erkennen. Sie sollen auch selbst Möglichkeiten entdecken, die sich aus dem Aktionsbild ergeben. Während die Kinder hier arbeiten, sind Sie als Lehrerin frei für gezieltes Beobachten. Bitte bringen Sie erst im danach stattfindenden Plenum ihre Beobachtungen ein oder bitten Sie gezielt einzelne Kinder, ihre Arbeit oder ihre Gedanken vorzustellen. Wir haben sehr gute Erfahrungen damit gemacht, mit den betroffenen Kindern solche „Vorstellungen“ vorher abzusprechen, sie zu fragen, ob sie es machen wollen, und sie ggf. auch dazu zu ermuntern, sie jedoch keinesfalls dazu zu überreden oder gar zu zwingen.

Seite 7 im Themenheft

Die Frage „Benötigt ihr mich überhaupt noch beim Lösen der Aufgaben auf Seite 7?“ gibt den Kindern Ansporn und fordert sie auf, ihre Selbstständigkeit zu prüfen und umzusetzen.
Erst nach dieser Arbeit sollten die Kinder auf weitere unterstützende Merkmale aufmerksam gemacht werden, wie:

- den Stern oben auf der Seite.
  Die Kinder sollen über seine Bedeutungen nachdenken und am Schluss natürlich auch klären, dass es sich bei den ausgefüllten Sternen um Pflicht- und bei den hell abgetönten Sternen um Wahlaufgaben handelt.
- die Inhaltsübersicht im Themenheft.
  Hier können die Kinder bearbeitete Seiten ankreuzen.
- die Möglichkeiten der Selbstkontrolle.
  Es kann besprochen werden, dass die Kinder ihre Ergebnisse mit dem Nachbarkind oder einer ausgelegten „Musterlösung“ vergleichen können usw. Wir empfehlen, ein bearbeitetes Heft als „Muster“ und zur Selbstkontrolle an einer vereinbarten Stelle auszulegen. So können sich die Kinder Anregungen holen oder eben „nur“ ihre Ergebnisse damit vergleichen und überprüfen.
- die Anregung zum Umgang mit Gegenständen und anderen Kindern, die in den Aktionsbildern stecken. Bitte unterstützen Sie die Handlungsebene der Kinder sehr, um von Anfang an die Gleichwertigkeit von Handlung, Bild und Symbolik zu unterstreichen. (Es ist genug, dass die Eltern in der Regel sehr rasch und zielstrebig die symbolische Ebene als die Höchstform übermäßig unterstützen und einfordern.)

Nach unserer Erfahrung sind viele Kinder nun bereits in der Lage, die nächsten Seiten selbstständig anzugehen und zu bearbeiten. Bitte ermöglichen und unterstützen Sie dies und bringen Sie möglichst rasch die Kinder untereinander ins Gespräch über Möglichkeiten und Bearbeitungsformen. Diese Vorgehensweise kann mit einer Aussage von Piaget voll unterstützt werden, in der er sagt, dass man ein Kind um seine Erfahrung betrügt, wenn man ihm die Lösung eines Problems sagt.
Erst im **anschließenden Plenum** können die Kinder über eigene Beobachtungen oder dann auch durch lenkende Fragen auf die Gleichheit der Inhalte aufmerksam gemacht werden: „Immer geht es um eine bestimmte Anzahl von Gegenständen, die vor einem liegen und als Striche dargestellt werden, um Punkte auf dem Würfel und die jeweils richtige Zahl. Dann muss man die richtige Zahl finden und einkreisen oder auf einem Bild genau so viele Tiere ausmalen, wie die Zahl davor sagt, genau so viel Kästchen ausmalen ..."
Vielleicht empfinden Sie diese Aufzählung banal. Es ist jedoch wichtig, dass die Kinder möglichst oft ihre Arbeit derartig beschreiben und zwar möglichst zunehmend differenziert. Bitte geben Sie sich dabei nicht mit Beschreibungen einzelner Kinder zufrieden, sondern ermuntern Sie durch Impulse wie: „Wer kann es so ähnlich sagen/beschreiben?" „Wer möchte das mal ganz anders beschreiben?" „Ich bin sicher, dass es da noch andere Möglichkeiten gibt, die jemand erkennen kann" usw.
Dies ist im Sinne der Wahrnehmungsschulung und Sprachentwicklung vor allem auch in der Mathematik eine fundamentale Fähigkeit und damit Kernaufgabe der ersten Schulwochen.
Spätestens ab der zweiten Woche können sich für einzelne Aufgabenstellungen bzw. Seiten **Experten** finden. Kinder, die Anregungen geben können, Aufgabenstellungen bereits bearbeitet oder besondere Ideen auf der Handlungsebene entwickelt haben, ordnen ein Namensschild oder eine Bildkarte der entsprechenden Seite in einem „Expertenheft" zu. Post-it-Namensschilder sind sehr gut geeignet. Aufgehängte oder an der Pinnwand angeheftete Kopien der einzelnen Seiten oder von einzelnen Bildern können z. B. sehr gut mit einer Namenswäscheklammer des oder der Experten versehen werden. Dies ist eine große Entlastung für die Lehrerin, ermöglicht den Kindern, neben dem eigenen selbstständigen Bearbeiten, das Erklären und Weitergeben von bereits gemachten Erfahrungen und Kenntnissen und regt den inhaltlichen Austausch der Kinder untereinander an.

Wir geben Ihnen noch einige Anregungen, um eine **Fixierung der Kinder auf die Lehrerin zu vermeiden**:

- bei der Kontrolle der Ergebnisse der Kinder:
  Selbstverständlich können die Kinder ihre Ergebnisse auch der Lehrerin zeigen, was aus unserer Sicht jedoch eher die Ausnahme darstellen sollte, weil es auf Dauer im Unterricht nicht zu leisten ist. Sie sollten es aber auf jeden Fall annehmen, wenn Ihnen einzelne Kinder ihre Themenhefte mit dem aktuellen Stand zur Durchsicht nach dem Unterricht dalassen und um Rückmeldung bitten.
- bei der Ausbildung zum Experten:
  Gerne schlägt diese Art „einzuführen" und Kinder zu befähigen in ein „Hilfslehrersystem" um, in dem jemand vormacht oder erklärt und der andere nachmacht. Durch entsprechende Rückmeldungen an die Kinder kann die Expertenfunktion positiv unterstützt werden, indem Experten besonders tolle und einleuchtende Erklärungen ohne Vormachen einbringen, zum eigenen Denken anregen, sich besondere Rückfragen überlegen, die andere weiterführen, oder der Lehrerin vor der Ausbildung zum Experten darlegen, warum sie gerade bei dieser Aufgabenstellung Experte sein wollen, usw.
- bei der Unterstützung der Handlungsebene:
  In der Zusammenarbeit mit einzelnen Kindern oder Gruppen sollten Sie Ihr eigenes „bisheriges" Können und Hintergrundwissen als Unterstützung der Handlungsebene einbringen und möglichst oft bei Rückfragen oder Antworten selbst in die Handlungsebene gehen und diese damit immer „hoffähig" und wertvoll machen. Wenn Sie als Lehrerin sehr oft die Symbolik in den Vordergrund rücken, wird diese von den Kindern schnell als das „höherwertige" Arbeiten und Ergebnis betrachtet und übernommen.

Wir hoffen, dass Sie nun nach den ersten beiden Wochen bereits den Mut gewonnen haben, den Sie auch benötigen und der die Grundlage und den Rahmen für selbstständiges Arbeiten der Kinder darstellt. Kinder können oft viel mehr, als wir ihnen vielleicht zutrauen und zumuten, jedoch vielleicht auf andere Weise und in anderer Ausprägung, als wir uns dies vorstellen.

Lernen ist ein aktiver Part. Deshalb sollen die Kinder tätig sein und die Ergebnisse ihrer Aktivität mit unserer Hilfe reflektieren und festigen. Dazu gehören auch Fehler. Sie sind Durchgangsstationen im Lernprozess und sagen uns meist viel mehr über das Denken und Können eines Kindes als die richtige Antwort.

Wir empfehlen, die Ziffernschreibweise parallel zu den ersten Inhalten und Seiten vorzustellen. Es wäre geradezu unsinnig, wenn die Kinder nacheinander alle Schreibübungen zu den Ziffern von 1 bis 6 am Stück machen müssten. Zweckmäßig ist es, mit einer Ziffer zu beginnen und einige Schreibübungen zu machen, danach an vorausgehenden Inhalten und Seiten weiterzuarbeiten und immer wieder Schreibübungen einzustreuen. Wenn die Kinder einmal die Funktion der Pfeile und Stifte sowie der Halte- bzw. Wendepunkte kennen, werden sie selbstständig an den Schreibübungen der weiteren Ziffern arbeiten.
Auch hier müssen Sie als Lehrerin die Erfahrung machen und das Ergebnis zulassen, dass einige Kinder z. B. mechanische Schreibaufgaben eher gestalterischen Aufgaben (Malen) vorziehen und umgekehrt. Bereits dieses Zulassen ist eine Art der Differenzierung, in diesem Fall in der Abfolge der Arbeiten, die von den Kindern gerne angenommen wird, den Arbeitseifer und die Arbeitsfreude unterstützt und Unterschiedlichkeit annimmt und fördert.
In diesem Zusammenhang sehen wir kleinere Hausaufgaben durchaus als sinnvoll an.

Weitere Besprechungspunkte für das Plenum sind:
- Umsetzung der Aktionsbilder auf andere Ziffern vorstellen,
- Übungen aus dem ersten Themenbereich (Anzahlen) aufgreifen und **Zusammenhänge beschreiben** (z. B. „Anordnungen wie auf Seite 24 habe ich auch schon auf der Seite 14 gefunden." „Was ich auf Seite 22 mache, kenne ich schon von Seite 6 und 8." „Seite 23 kenne ich schon, weil ich die Seite 7 bearbeitet habe."),
- bereits bekannte Arbeitsformen wieder aufgreifen. Alle Aktionen, welche die Kinder von den ersten Seiten her kennen, können sie hier wieder umsetzen, wobei sie nun Ziffern selbst aufschreiben und keine Zahlkärtchen dazulegen.

Zahlreihen

Ziel ist, dass die Kinder die Zahlen von 1 bis 6 und Ausschnitte aus dieser kurzen Zahlenreihe in die richtige (natürliche) Reihenfolge bringen und Nachbarzahlen einsetzen können.
Es sind hier bewusst wenige Angebote bereitgestellt, da dieser Lernbereich von fast allen Kindern bereits vor der Schule beherrscht wird.

Weitere Besprechungspunkte für das Plenum sind:
- **Ausdehnung** auf bisher „nicht bekannte" Zahlen ermöglichen, indem Kinder solche selbst gefundenen Reihen vorstellen,
- Beispiele von Kindern bei anderer Betrachtungsweise (von oben) als „Rückwärtsreihe" ermöglichen.

Ordnungszahlen

Ziel ist, dass die Kinder mit Hilfe dieser besonders gekennzeichneten Zahlen eine Rangfolge beschreiben können.

Einstieg und weitere Möglichkeiten sind:
- Rollversuche mit Spielzeugautos durch Anschieben oder die Verwendung einer schiefen Ebene. Wer rollt am weitesten? Dabei sollen die Kinder jeweils die ersten Platzierungen mit Kärtchen in der bekannten Punktschreibweise: „1.", „2." usw. und der entsprechenden Sprechweise (z. B. „Das rote Auto ist Erster.") kennzeichnen.
- Kindern beim Eintreffen im Klassenzimmer Ordnungszahlen zuweisen.
- Wettlauf auf dem Pausenhof veranstalten.

Wichtig ist, dass die Kinder auch selbst derartige Schilder mit der Punktschreibweise herstellen!

Weitere Besprechungspunkte für das Plenum sind:
- **Erkennungsmerkmale** bei Bildfolgen finden und beschreiben,
- Bildergeschichten beschreiben und **ordnen**,
- **Gleichwertigkeiten** von unterschiedlichen Rangplätzen thematisieren (nicht immer ist der Erste der Beste).

Größer – Kleiner

Ziel ist, dass die Kinder die Zahlen von 1 bis 6 miteinander vergleichen, die Begriffe „kleiner als" und „größer als" zwischen Zahlen verwenden und die Zeichen „<" und „>" richtig setzen und lesen können.

Einstieg und weitere Möglichkeiten sind:
- mit Bauklötzen Türme bauen, an die Lineale angelegt die Zeichen „<" und „>" ergeben,
- Lineale an nachgelegte Türme, Plättchen, unterschiedliche Papierstreifen usw. anlegen, um das passende Zeichen leichter zu finden,
- Krokodilmaul als Erklärungsmöglichkeit verwenden, das immer zum Größeren hin offen ist.

Es ist wichtig, dass die Kinder die **Ausdrucksweise** „kleiner als" und „größer als" möglichst nur zwischen Zahlen verwenden (bei Papierstreifen und Ähnlichem ist „länger als" oder „höher als" die richtige Bezeichnung).

Weitere Besprechungspunkte für das Plenum sind:
- eigene **Entwürfe** vorstellen,
- **Begründungen** für schnelles Erkennen mitteilen,

- die Möglichkeit, **unterschiedliche Lösungen** bei Aufgaben mit Größer-/Kleiner-Beziehungen zu erkennen (es passt manchmal nur eine Zahl, oft jedoch passen viele Zahlen).

Formen – Muster – Reihen

Ziel ist, dass die Kinder geometrische Grundformen in ihrer Umgebung erkennen, benennen und mit diesen „Muster" gestalten können. In Mustern und Reihen sollen sie Ordnungsmerkmale feststellen und umsetzen.

Weitere Möglichkeiten sind:
- mit Schablonen zeichnen,
- Kunstbilder, z. B. von Paul Klee, einbeziehen und „nachgestalten",
- mit Gegenständen, die Kinder mitbringen, eine Ausstellung aufbauen.

Weitere Besprechungspunkte für das Plenum sind:
- **Flächenformen an Körpern** genau beschreiben,
- **umschreibende Begrifflichkeiten** der Kinder für Flächenformen anregen und aufnehmen (z. B. Heftform, Ritter-Sport-Schokoladentafel-Form usw.),
- **Veränderungsvorschriften** bei Reihen finden und beschreiben,
- **Ergebnisse** von gefundenen Reihen und Mustern vorstellen und ggf. anderen als Aufgabe stellen.

Lagebeziehungen

Ziel ist, dass die Kinder Erfahrungen im Raum sammeln, Lagebeziehungen von Personen und Gegenständen zueinander erkennen und mit passenden Präpositionen (rechts von, neben, unterhalb usw.) beschreiben.

Weitere Möglichkeiten sind:
- Orientierungsspiele auf dem Schulhof oder im Klassenzimmer veranstalten („Klaus stellt sich hinter …" „Ich stehe neben/über/hinter …"),
- Gegenstände nach Beschreibung der gewünschten Lage ablegen („Den Bleistift rechts neben das Heft legen"),
- Ratespiele mit Beschreibung von Lagebeziehungen durchführen („Mein Gegenstand liegt auf … und neben …"),
- Versteckspiele (Gegenstand im Klassenzimmer verstecken, der über das Erfragen von Lagebeziehungen gefunden werden muss),
- Gegenstände auf Bildern mit Hilfe der Lagebeziehungen beschreiben und erraten,
- Spiel: „Mein linker/rechter Platz ist leer, ich wünsche mir den … her."

Weitere Besprechungspunkte für das Plenum sind:
- Abhängigkeit der Lagebeziehungen vom Standpunkt des Betrachters erfahren,
- Standpunkte und damit Lagebeziehungen verändern.

4.5 Beobachtungsbogen, Tests und Kopiervorlagen

Die folgenden Seiten können kopiert und individuell im Unterricht und als Hausaufgaben eingesetzt werden.

Beobachtungsbogen „Die Zahlen von 1 bis 6 / Geometrie“

Name: ______________________ *Datum:* ______________________

Anzahlen bestimmen

- ◯ benötigt bei der Bestimmung von Anzahlen als Zwischenstufe einen Repräsentanten (z. B. das Bild der Finger)
- ◯ zählt ab
- ◯ erfasst die Anzahl einer Menge bis ⎵ simultan
- ◯ zählt beim Zeichnen einer bestimmten Menge zwischendurch immer wieder nach
- ◯ zeichnet das Mengenbild als Gesamtbild
- ◯ bestimmt die Gesamtanzahl von zwei Mengenbildern durch Abzählen und Weiterzählen
- ◯ bestimmt die Gesamtanzahl von zwei Mengenbildern durch Addieren
- ◯ ______________________
- ◯ ______________________

Zahlen schreiben

- ◯ benötigt eine bildliche Hilfe (z. B. Punktebild), um die Bedeutung der Ziffern als Zahlzeichen richtig zu erkennen und zuzuordnen
- ◯ benötigt eine Vorlage, um die Ziffern ⎵⎵⎵⎵⎵⎵ selbstständig und mit richtigem Bewegungsablauf zu schreiben
- ◯ schreibt die Ziffern ⎵⎵⎵⎵⎵⎵ oft spiegelbildlich
- ◯ schreibt die Ziffern ⎵⎵⎵⎵⎵⎵ selbstständig und nach vorgegebenem Bewegungsablauf ohne Hilfsmittel
- ◯ ______________________
- ◯ ______________________

Zahlreihen

- ◯ sagt die ganze Zahlreihe auf, um diese zu ergänzen
- ◯ kann eine Zahlreihe an jeder beliebigen Stelle fortsetzen
- ◯ kann eine Zahlreihe auch rückwärts aufsagen und fortsetzen
- ◯ ______________________
- ◯ ______________________

Formen – Muster – Reihen

- ◯ kann unterschiedliche Formen erkennen
- ◯ kann unterschiedliche Formen benennen
- ◯ probiert beim Auslegen von Figuren häufig mit Formenplättchen
- ◯ erkennt beim Auslegen von Figuren mit Formenplättchen passende Formen auf den ersten Blick
- ◯ erfasst Reihen durch Aufsagen der Zeichen (akustisch) und führt diese richtig fort
- ◯ erfasst Reihen visuell und führt diese richtig fort
- ◯ ______________________
- ◯ ______________________

Lagebeziehungen

- ◯ kann rechts/links/oben/unten/vor/hinter/______________ beschreibend verwenden
- ◯ kann selbstständig Bewegungen nach rechts/links/oben/unten ausführen
- ◯ ______________________
- ◯ ______________________

Test 1 a

Name: ______________________ *Datum:* ______________________

❶

❷

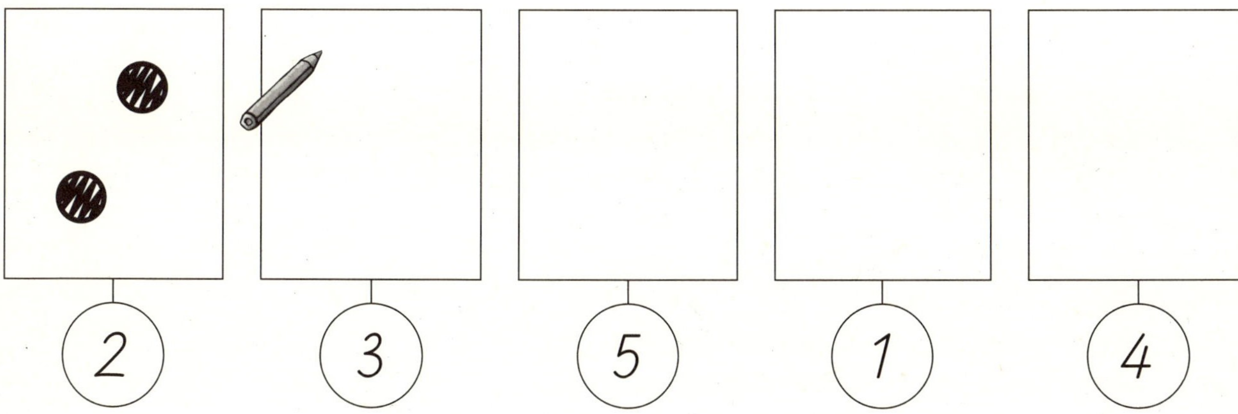

❸

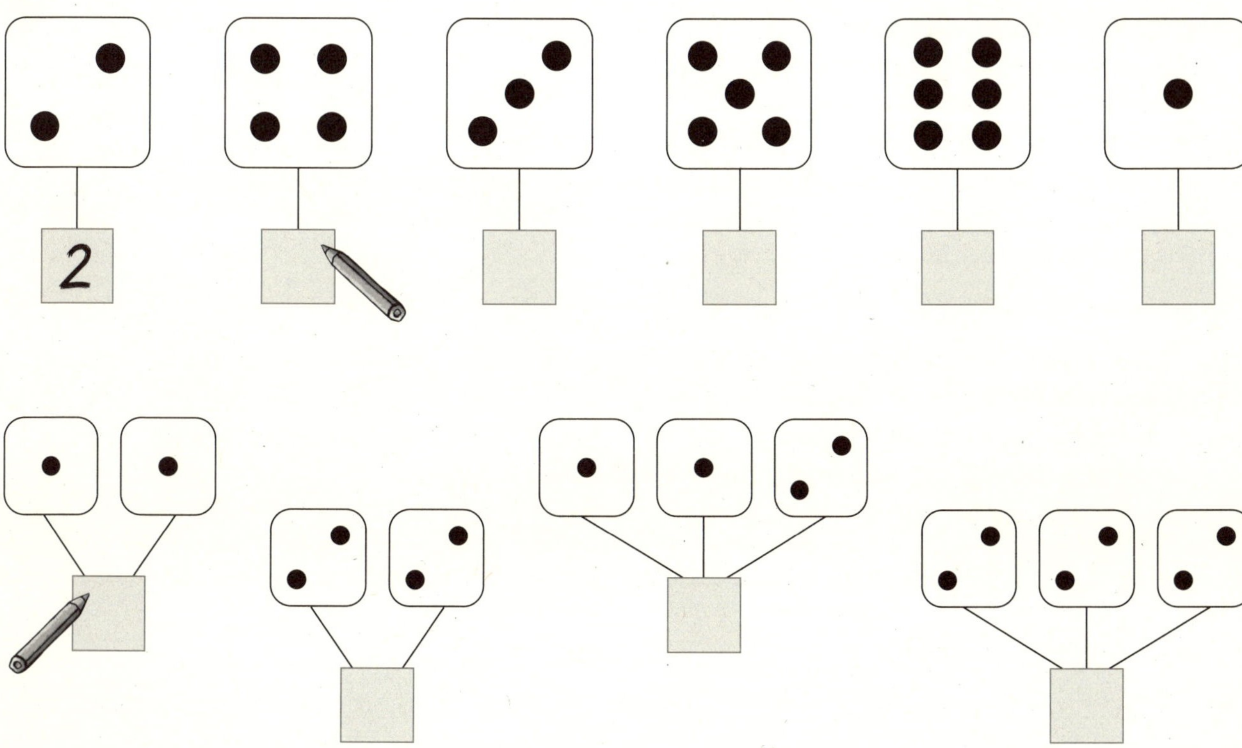

Test 1 b

Name: ______________________ *Datum:* ______________________

1

1	2	3	4				4	5		1	2	
	2			5			3		5		5	

2

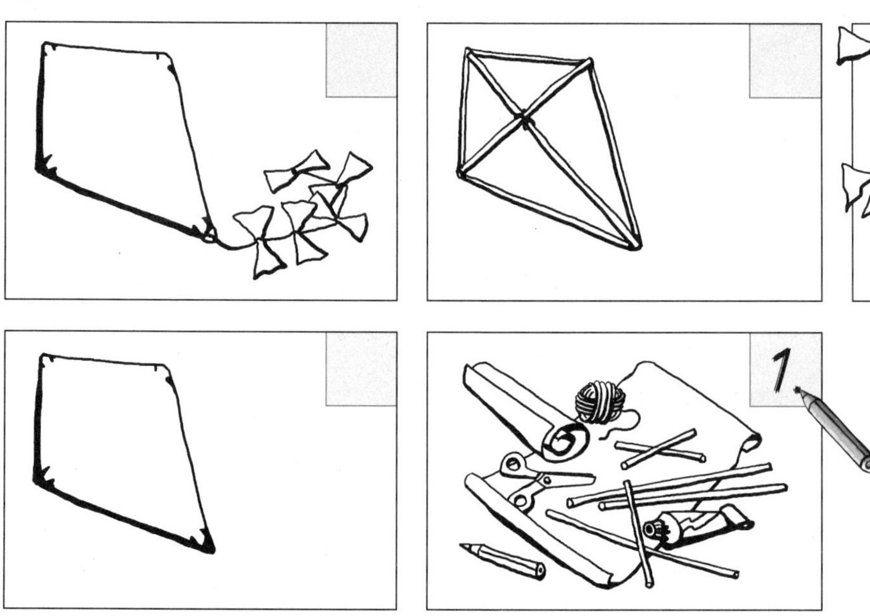

3

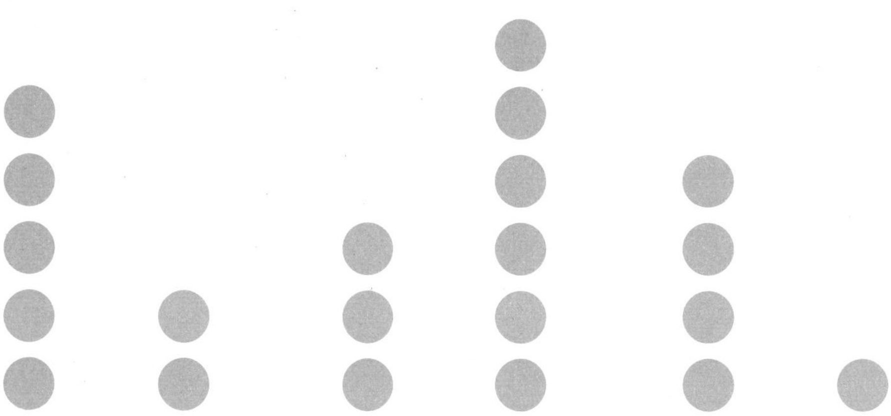

5	>	2

3		5
3		2
6		3
1		4

4	>	3
	>	3
2	<	
	<	

KV 2: Würfeln und ausmalen (Partnerspiel)

- Suche dir ein anderes Kind.
- Jeder von euch braucht ein Blatt mit dem Tausendfüßler und Buntstifte.
- Würfelt abwechselnd und malt in eurem Tausendfüßler das Feld mit der gewürfelten Zahl aus.
- Wer zuerst alle Zahlenfelder ausgemalt hat, ist der Gewinner.

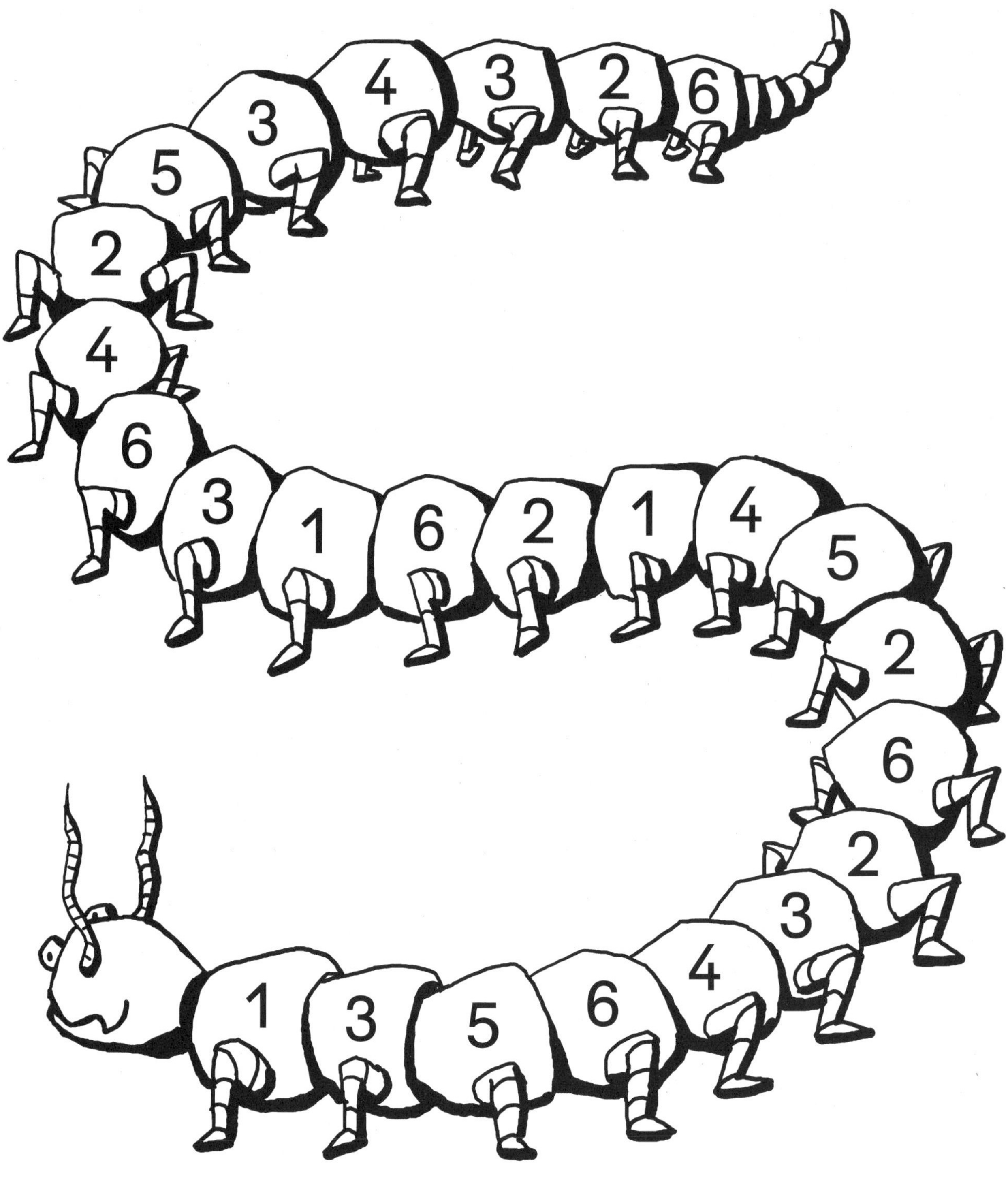

KV 3: Bingo (Partnerspiel)

- Suche dir ein anderes Kind.
- Würfelt abwechselnd.
- Jeder malt auf seiner Spielkarte das Feld mit der gewürfelten Zahl aus.
- Wer zuerst 3 Felder nebeneinander (••• oder ⁝) ausgemalt hat, ruft „Bingo“ und hat gewonnen.

2	4	3
3	1	6
6	5	1

Name: ______________________

4	5	3
2	1	4
5	2	6

Name: ______________________

KV 4: Schreibübung Zahlen

1 1

1

1

2 2

2

2

3 3

3

3

4 4

4

4

5 5

5

5

6 6

6

6

KV 5: Zahlen zuordnen

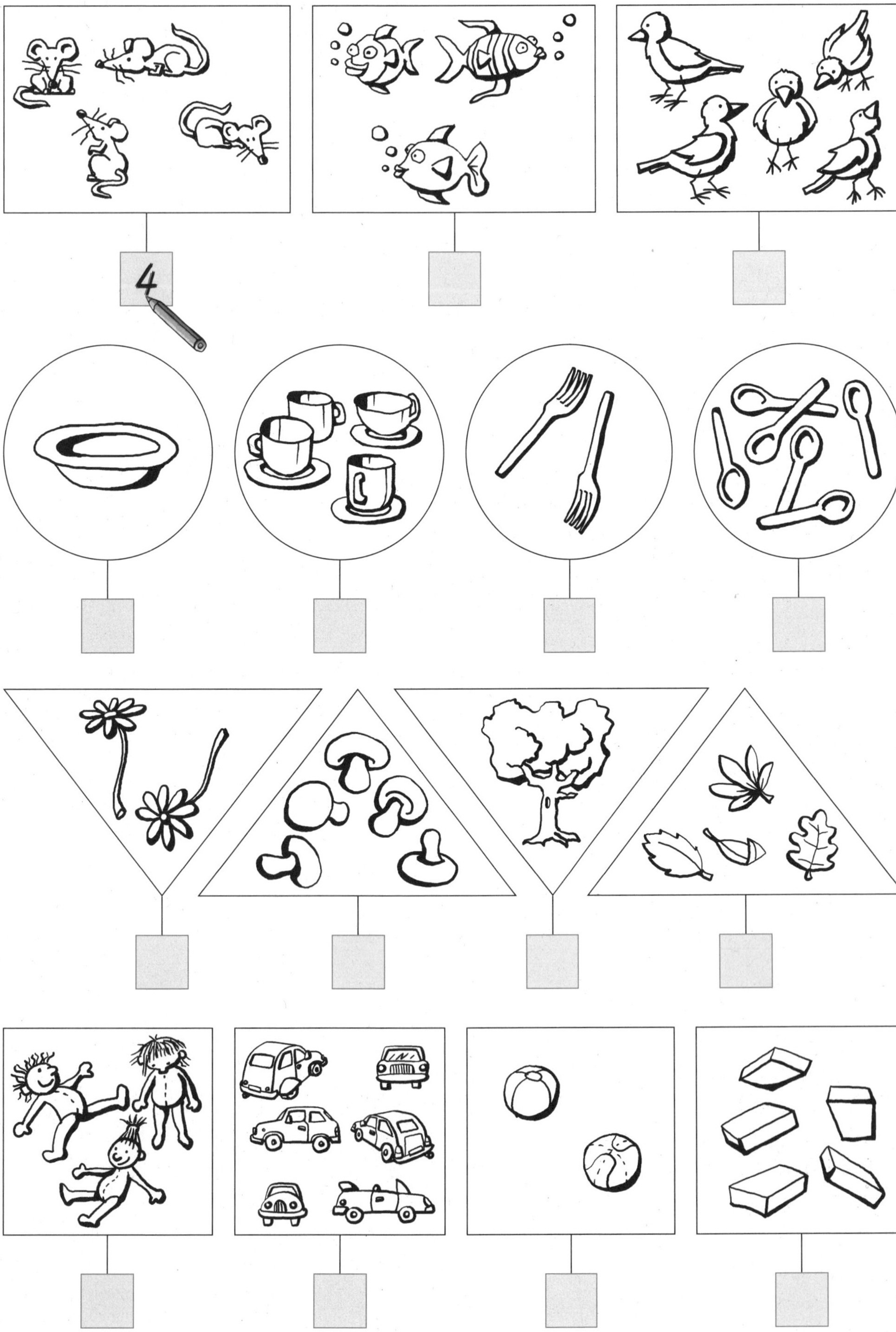

KV 6: Muster fortsetzen

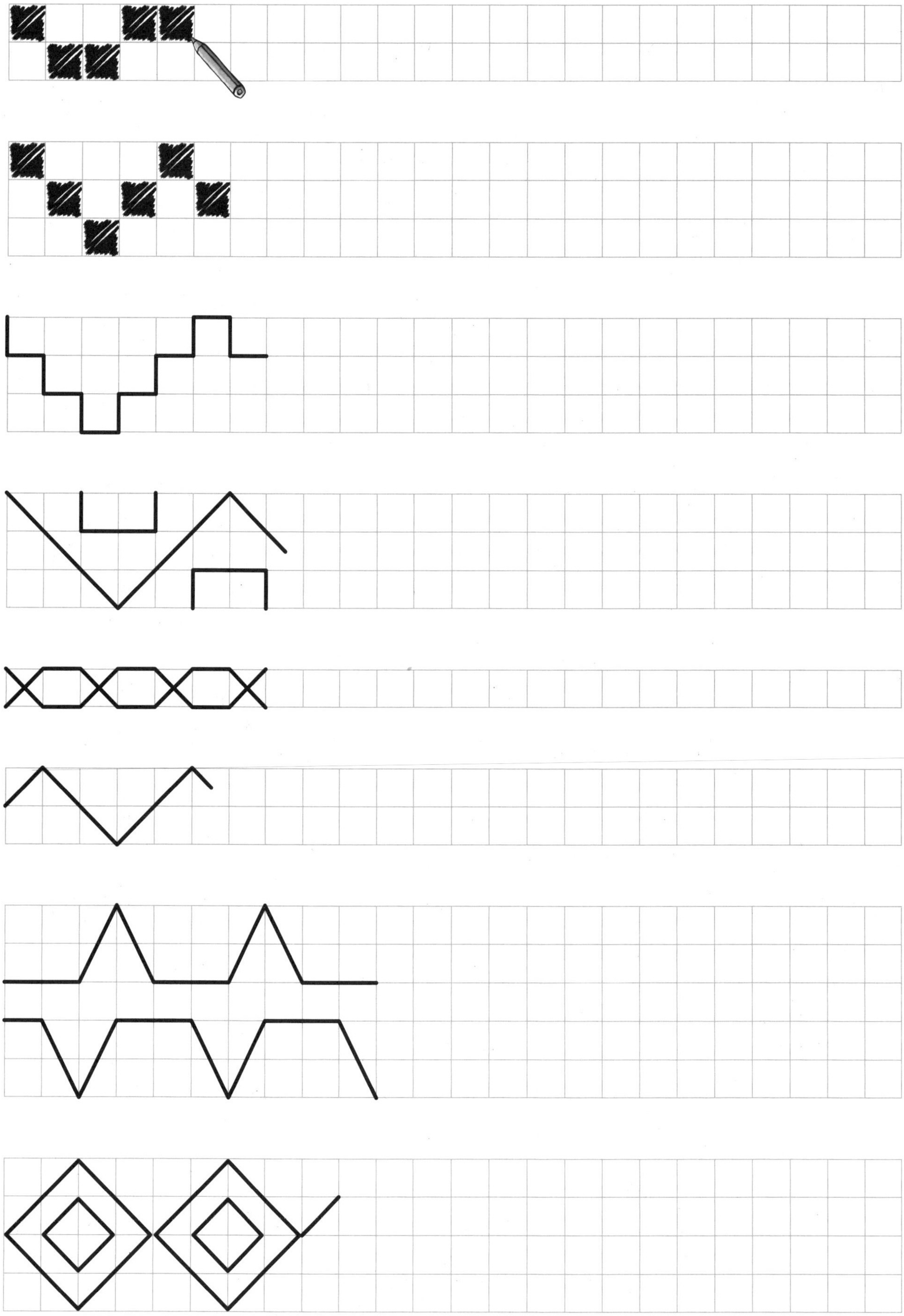

5 Themenheft 2: Addition und Subtraktion der Zahlen von 1 bis 6

5.1 Allgemeine Hinweise, Ziele und Begründungen

In dem für die Kinder leicht überschaubaren Zahlenraum sollen sie ohne zusätzliche Belastung (durch einen ggf. unüberschaubaren Zahlenraum) die Rechenoperationen als einfache Vorgänge, bei denen etwas weggenommen oder hinzugefügt wird, kennen lernen. Alle hier vorkommenden Handlungen können sie dabei simultan erfassen, damit das Prinzip erkennen und ein Verständnis für die jeweilige Operation entwickeln. Im Vordergrund steht die Vielzahl unterschiedlicher Handlungen, die den Rechenoperationen Addition und Subtraktion zu Grunde liegen und die sich in dem eingeschränkten Zahlenraum auch jeweils leicht konkret durchführen lassen. Im Hinblick auf das spätere Verstehen und Lösen von Sachaufgaben sehen wir in dieser ausführlichen Erarbeitung auch bereits eine äußerst sinnvolle Vorarbeit.
Eine Schwerpunktsetzung auf die Rechenfertigkeit würde viel weniger Angebote erfordern.
Der Gebrauch von Begriffen und Symbolen, die sich aus dem mengentheoretischen Ansatz der Addition und Subtraktion begründen, ist aus unserer Sicht nicht notwendig.
Addition und Subtraktion sind zunächst als selbstständige Operationen hintereinander angeboten, um Schwierigkeiten zu isolieren bzw. zu vermeiden. Die gemeinsame Betrachtung von Addition und Subtraktion als reversible Handlungen erfolgt erst im erweiterten Zahlenraum.
Ziel ist, dass die Kinder:
- *Plus- und Minusaufgaben als Kurznotationen von ganz unterschiedlichen Handlungen verstehen.*
- *Handlungen der richtigen Rechenart zuordnen.*
- *zur Rechenart entsprechende Handlungen nennen. (Sachsituationen werden in die Symbolsprache der Mathematik übertragen und umgekehrt.)*
- *die Begriffe „Plus“, „Minus“, „Gleich“ und „Tauschaufgabe“ richtig verwenden.*
- *die Zeichen „+“, „–“ und „=“ kennen und richtig verwenden.*

5.2 Anregungen für einen Einstieg und begleitende Handlungen

Die Kinder erarbeiten nun schon einige Zeit in ihrem individuellen Tempo alle Zahlaspekte der Zahlen von 1 bis 6. Im Themenheft 2 erscheint nun mit der Addition und Subtraktion erneut eine grundlegende Thematik. Aus inhaltlichen Gründen und vor allem auch für Sie als Lehrerin halten wir es für sinnvoll, zumindest mit Teilgruppen oder aber auch mit der ganzen Klasse in dieses Thema einzuführen. Ziel ist wieder, etwas gemeinsam zu entwickeln, etwas zu erfahren oder bereits Erarbeitetes zu reflektieren. Es sind hier, egal an welcher Sache einzelne Kinder gerade arbeiten, grundlegende Erfahrungen und gemeinsame Handlungen möglich und empfehlenswert, bei denen die Kinder den Zusammenhang entsprechender Handlungen mit den Rechenoperationen „Plus“ und „Minus“ erfahren und erkennen können.
In diesem Sinne werden wir auch in Zukunft weitere Anregungen und Besprechungspunkte für das Plenum in einem Punkt zusammenfassen, zumal sich diese nicht eindeutig trennen lassen. Wir empfehlen hier unsere Arbeitsweisen, mit denen wir positive Erfahrungen gemacht haben, in der Klasse auszuprobieren: Beim Beobachten der Arbeit einzelner Kinder und daran, welche Fragen sie stellen oder welche Lösungsvorschläge und -wege sie anbieten, ist unschwer erkennbar, an welcher Thematik sie gerade arbeiten. Diese gemachten Beobachtung können Sie in Absprache mit den Kindern in das nächste Plenum einbringen, dort vorstellen oder ggf. auf diesem Wege Fragestellungen an die Klasse weitergeben. Dies geschieht in Anlehnung an das natürliche Lernen der Kinder, wo sie sich auch spontan auf Fragen oder Anregungen der anderen einlassen. Selbstverständlich entstehen so Dopplungen und Wiederholungen, aber ebenso mehrfaches Anregen und Interesse. Die Kinder sollten die Möglichkeit erhalten, viele Handlungen selbst durchzuführen und diese vor allem auch verbal zu beschreiben. Dabei können sie jeweils in Gesprächsrunden neue Überlegungen und Handlungen zu Plus- und Minusaufgaben einbringen:
- Kinder stehen in einer Gruppe und weitere kommen dazu.
- Kinder setzten sich zu anderen an den Tisch.
- Kinder fassen sich an die Hände.
- Kinder führen Striche weiter.
- Kinder legen Gegenstände jeglicher Art dazu.
- Menschen machen Fenster auf.
- Kinder kleben Bilder.
- Und so weiter.

Weitere begleitende Handlungen können sein:
- Die Kinder zeichnen Bilder, die „Vorgänge“ deutlich machen, und heften diese an ein Plakat mit Plus- und Minuszeichen.
- Dasselbe kann auch gemacht werden, indem zu je einem Ergebnis (z. B. 5) viele Plusaufgaben in unterschiedlichen Bildern dargestellt und zugeordnet werden.
- Bilder oder konkrete Handlungen werden mit „Aufgabenkärtchen“ verknüpft, welche die entsprechen-

Plusaufgaben lösen

Ziel ist, dass die Kinder auf der symbolischen Ebene Plusaufgaben lösen und die Plusaufgaben im Zahlenraum von 1 bis 6 automatisieren.

Beim Übergang zu drei Summanden können/sollten die Kinder auf handelnde und bildliche Lösungshilfen zurückgreifen und sich auf diese Weise das Aneinanderfügen zweier Additionen verdeutlichen.

Weitere Anregungen und Besprechungspunkte für das Plenum sind:

- entsprechende Handlungen zu Aufgaben nennen.
- bereits „beherrschte" Aufgaben auf Kärtchen schreiben und nach von den Kindern vorgeschlagenen Kriterien ordnen.
- Rechenkärtchen der Beilagen von Einstern zum Üben und damit Automatisieren verwenden:
  - als Legespiel in Partnerarbeit mit der einfachen Aufgabenstellung „lösen und überprüfen",
  - nach selbst gewählten Gesichtspunkten ordnen (siehe zweiter Aufzählungspunkt),
  - Aufgaben suchen, die jeweils das gleiche Ergebnis haben,
  - Aufgaben, die ein Kind bereits sicher beherrscht, aussortieren und als „gekonnt" verwahren.
- zu einer Ergebniszahl alle möglichen Aufgaben mit zwei, drei, vier, fünf und sechs Summanden suchen (mit Zahlkärtchen, mit Gegenständen, mit Würfelbildern usw.).

Ergänzungsaufgaben lösen

Ziel ist, dass die Kinder Ergänzungsaufgaben mit dem Waagemodell erklären und lösen.

Hier ist es sehr wichtig, dass die Kinder ermutigt werden, möglichst oft auf der Handlungsebene und im Bild die „Gleichwertigkeit" auf beiden Seiten des Gleichheitszeichens zu erfahren und dadurch auch zu verstehen.

Eine weitere Anregung und ein Besprechungspunkt für das Plenum ist:

- handelnd mit der Waage umgehen, wobei zu beachten ist, dass es sich dann auch um gewichtsgleiche Gegenstände handelt.

Minusaufgaben kennen lernen

Ziel ist, dass die Kinder:

- *in konkreten Situationen den Vorgang des Wegnehmens erkennen, spielen und darüber sprechen.*
- *den Vorgang des Wegnehmens als „Minus" erkennen und verstehen.*
- *wissen: „Minus bedeutet – es wird weniger."*

Den Vorgang des Wegnehmens, den sie möglichst oft auch konkret durchführen sollen, erfahren die Kinder auf ganz unterschiedliche Weise: weggehen, wegnehmen, herausnehmen, wegfahren, abfallen, austrinken, wegschneiden, wegfliegen, ausblasen, umwerfen, abpflücken, abtauchen, aufessen, Geld ausgeben usw.

Selbstverständlich sind auch konkrete Handlungen in Kleingruppen oder mit der Klasse sinnvoll (Kinder nehmen die Hände herunter, drehen sich um, ziehen ihre Jacken aus usw.).

Eine Subtraktionsaufgabe sollten die Kinder verstehen als die Kurzform für: „Beschreibung der Ausgangsbasis" – „es geht etwas weg" – „Beschreibung der Endsituation".

Weitere Anregungen und Besprechungspunkte für das Plenum sind:

Die Kinder beschreiben und führen teilweise auch im Rollenspiel vor:

- Handlungen von Kindern für Minusaufgaben,
- Handlungen von Erwachsenen für Minusaufgaben,
- Handlungen von Tieren für Minusaufgaben,
- Handlungen zu unterschiedlichen Bereichen mit demselben Hintergrund (der Bereich kann zu Beginn eines Plenums festgelegt werden, z. B. beim Essen, Ausziehen usw.).

Minusaufgaben gestalten

Ziel ist, dass die Kinder selbst durchgeführte Handlungen des Wegnehmens als Minusaufgaben darstellen und anschließend notieren.

Dieses Wegnehmen geschieht durch Türmeabbauen, Plättchenwegnehmen, Überkleben, Pfeile, die Wegfliegen symbolisieren, usw.

Weitere Anregungen und Besprechungspunkte für das Plenum sind:

- alle Punkte, die unter „Minusaufgaben kennen lernen" bereits beschrieben sind.
- mit Spielzeug Minusaufgaben gestalten.
- Minusaufgaben würfeln (die Kinder würfeln mit zwei Würfeln und nehmen dann den mit der kleineren Augenzahl weg. Es ist auch sinnvoll, wenn z. B. erst mit einem Würfel gewürfelt wird und die Kinder dann überlegen, welche Augenzahl beim zweiten Würfel auftauchen darf, wenn diese subtrahiert werden sollen).
- unterschiedliche Möglichkeiten finden, wie mit Fingern durch „Wegklappen" eine bestimmte Minusaufgabe dargestellt werden kann.
- von mit Münzen gelegten Geldbeträgen einzelne Münzen wegnehmen.

Minusaufgaben erkennen

Ziel ist, dass die Kinder in durchgeführten und dargestellten Handlungen den Vorgang des Wegnehmens erkennen und damit auch die entsprechenden Minusaufgaben nennen und lösen.

Hier ist wieder entscheidend, dass beim Erkennen der Beobachter angesprochen wird und nicht derjenige, der die Handlung durchführt.

Weitere Anregungen und Besprechungspunkte für das Plenum sind:

- alle Punkte, die unter „Minusaufgaben gestalten" bereits beschrieben sind.
- mit Spielzeug gestaltete Minusaufgaben erkennen.
- gewürfelte Minusaufgaben erkennen.
- unterschiedliche Möglichkeiten, wie mit Fingern durch „Wegklappen" eine bestimmte Minusaufgabe dargestellt werden kann, erkennen und beschreiben.
- das Wegnehmen von mit Münzen zuvor gelegten Geldbeträgen als Subtraktion erkennen und beschreiben.

Minusaufgaben lösen

Ziel ist, dass die Kinder auf der symbolischen Ebene Minusaufgaben lösen und die Minusaufgaben im Zahlenraum von 1 bis 6 automatisieren.

Beim Übergang zu zwei Minuenden können/sollten die Kinder auf handelnde und bildliche Lösungshilfe zurückgreifen und sich auf diese Weise das Aneinanderfügen zweier Subtraktionen (nacheinander zweimal etwas wegnehmen) verdeutlichen.

Weitere Anregungen und Besprechungspunkte für das Plenum sind:

- entsprechende Handlungen zu Aufgaben (mit Ziffern und Rechenzeichen) nennen.
- bereits „beherrschte" Aufgaben auf Kärtchen schreiben und nach von den Kindern vorgeschlagenen Kriterien ordnen.
- Rechenkärtchen der Beilagen von Einstern zum Üben und damit Automatisieren verwenden:
  - als Legespiel in Partnerarbeit mit der einfachen Aufgabenstellung „lösen und überprüfen",
  - nach selbst gewählten Gesichtspunkten ordnen (siehe zweiter Aufzählungspunkt),
  - Aufgaben suchen, die jeweils das gleiche Ergebnis haben,
  - Aufgaben, die ein Kind bereits sicher beherrscht, aussortieren und als „gekonnt" verwahren.
- zu einer Ergebniszahl alle möglichen Aufgaben mit zwei, drei, vier, fünf und sechs Subtrahenden suchen (mit Zahlkärtchen, mit Gegenständen, mit Würfelbildern usw.).

Ergänzungsaufgaben lösen

Ziel ist, dass die Kinder Ergänzungsaufgaben mit dem Waagemodell erklären und lösen.

Hier ist es sehr wichtig, dass die Kinder ermutigt werden, möglichst oft auf der Handlungsebene und im Bild die „Gleichwertigkeit" auf beiden Seiten des Gleichheitszeichens zu erfahren und dadurch auch zu verstehen (Waage mit gleichgewichtigen Gegenständen).

Weitere Anregungen und Besprechungspunkte für das Plenum sind:

- Kinder führen möglichst oft Handlungen an der Waage durch, wobei sie durch Vermuten, Probieren und Begründen die Handlungen und die Vorgehensweisen auch immer wieder verbal beschreiben.
- Zwei Kindergruppen mit unterschiedlicher Anzahl stehen nebeneinander und lösen die Aufgabe: „Wie viele Kinder müssen zu der kleineren Gruppe dazugehen, damit in beiden Gruppen gleich viele Kinder sind?" Die „Ergänzung" führen dann dazugehende Kinder handelnd durch.

Plus- und Minusaufgaben lösen

Ziel ist, dass die Kinder Plus- und Minusaufgaben erkennen und automatisiert lösen.

Die Zahl „Null": Aus Handlungen heraus ergibt sich die Zahl „Null" durch das „Wegnehmen" aller vorhandenen Gegenstände. Die für diesen Zustand zu benutzende Darstellung (0) ist für die Kinder sehr überzeugend.

Wir haben die Null bewusst nicht in das Themenheft aufgenommen, sondern dafür extra eine Kopiervorlage (KV 7: Die Zahl Null) zur Verfügung gestellt. Auf diese Weise kann die „Null" bei jedem Vorgehen innerhalb der Klasse als gemeinsamer Besprechungspunkt im Plenum berücksichtigt werden.

Fragestellungen nach der Null bei der Addition ermöglichen den Kindern, selbst entsprechende Beispiele von Handlungen zu finden und zu benennen.

Weitere Anregungen und Besprechungspunkte für das Plenum sind:

Alle bereits für die einzelnen Themen beschriebenen Anregungen können auch hier genutzt werden.

5.4 Beobachtungsbögen, Tests und Kopiervorlagen

Die folgenden Seiten können kopiert und individuell im Unterricht und als Hausaufgaben eingesetzt werden.

Beobachtungsbogen „Addition der Zahlen von 1 bis 6“

Name: ______________________________ *Datum:* ____________________

Plusaufgaben

- ◯ kann Handlungen für die Rechenoperation „Plus“ finden/nennen/durchführen
- ◯ kann Handlungen für Plusaufgaben verbal beschreiben
- ◯ kann Bilder von Handlungen, die Plusaufgaben darstellen, beschreiben
- ◯ kann Plusaufgaben in Handlungen umsetzen
- ◯ kann zu Bildern von Handlungen Plusaufgaben finden
- ◯ kann Plusaufgaben als Bilder von Handlungen darstellen
- ◯ kann die Rechenoperation „Plus (+)“ als Symbol für verschiedene Handlungen beschreiben
- ◯ ______________________________
- ◯ ______________________________

Plusaufgaben gestalten und erkennen

- ◯ kann aus einem/verschiedenen Rechenbild/-ern Plusaufgaben erkennen
- ◯ kann verschiedene Rechenbilder in Plusaufgaben übertragen
- ◯ ______________________________
- ◯ ______________________________

Plusaufgaben lösen

- ◯ löst Plusaufgaben mit Hilfe der Finger als Anschauungsmittel
- ◯ löst Plusaufgaben mit Hilfe bildlicher Darstellungen
- ◯ löst Plusaufgaben ohne Anschauungsmittel sicher
- ◯ ______________________________
- ◯ ______________________________

Ergänzungsaufgaben

- ◯ kann Ergänzungsaufgaben am Modell „Waage“ beschreiben
- ◯ kann Ergänzungsaufgaben mit bildlichen Hilfen lösen
- ◯ kann Ergänzungsaufgaben ohne Hilfsmittel lösen
- ◯ ______________________________
- ◯ ______________________________

Beobachtungsbogen „Subtraktion der Zahlen von 1 bis 6“

Name: ______________________ *Datum:* ______________________

Minusaufgaben

- ◯ kann Handlungen für die Rechenoperation „Minus“ finden/nennen/durchführen
- ◯ kann Handlungen für Minusaufgaben verbal beschreiben
- ◯ kann Bilder von Handlungen, die Minusaufgaben darstellen, beschreiben
- ◯ kann Minusaufgaben in Handlungen umsetzen
- ◯ kann zu Bildern von Handlungen Minusaufgaben finden
- ◯ kann Minusaufgaben als Bilder von Handlungen darstellen
- ◯ kann die Rechenoperation „Minus (–)“ als Symbol für verschiedene Handlungen beschreiben
- ◯ ______________________
- ◯ ______________________

Minusaufgaben gestalten und erkennen

- ◯ kann aus einem/verschiedenen Rechenbild/-ern Minusaufgaben erkennen
- ◯ kann verschiedene Rechenbilder in Minusaufgaben übertragen
- ◯ ______________________
- ◯ ______________________

Minusaufgaben lösen

- ◯ löst Minusaufgaben mit Hilfe der Finger als Anschauungsmittel
- ◯ löst Minusaufgaben mit Hilfe bildlicher Darstellungen
- ◯ löst Minusaufgaben ohne Anschauungsmittel sicher
- ◯ ______________________
- ◯ ______________________

Ergänzungsaufgaben

- ◯ kann Ergänzungsaufgaben am Modell „Waage“ beschreiben
- ◯ kann Ergänzungsaufgaben mit bildlichen Hilfen lösen
- ◯ kann Ergänzungsaufgaben ohne Hilfsmittel lösen
- ◯ ______________________
- ◯ ______________________

Test 2 a (Plusaufgaben)

Name: ______________________ *Datum:* ______________

1

4 + 1 = 5

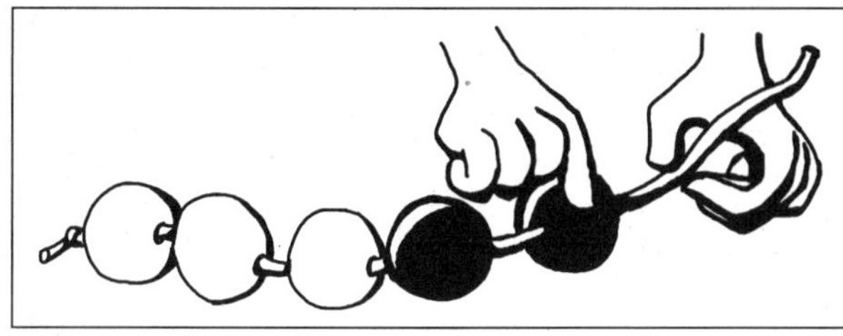

☐ + ☐ = ☐

☐ + ☐ = ☐

☐ + ☐ = ☐

2

○○ ●●●

2 + 3 = 5

○○○ ●●

☐ + ☐ = ☐

○ ●●●●

☐ + ☐ = ☐

○○ ●●

☐ + ☐ = ☐

○○○○ ●●

☐ + ☐ = ☐

○○○ ●●●

☐ + ☐ = ☐

3

1 + 5 = 6

○ ●●●●●

2 + 3 = ☐

____

5 + 1 = ☐

____

3 + 3 = ☐

____

2 + 4 = ☐

____

3 + 2 = ☐

____

Test 2 b (Plusaufgaben)

Name: ______________________ *Datum:* ______________

1

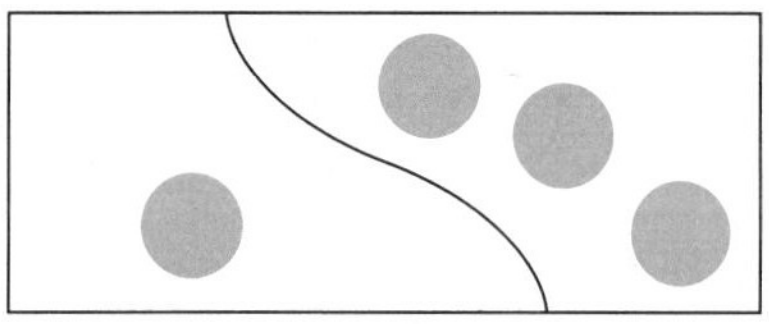 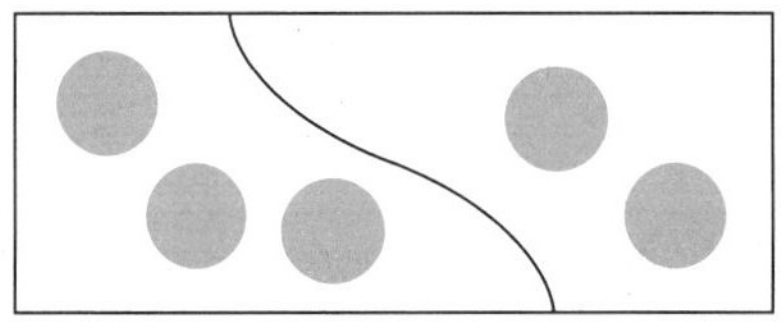 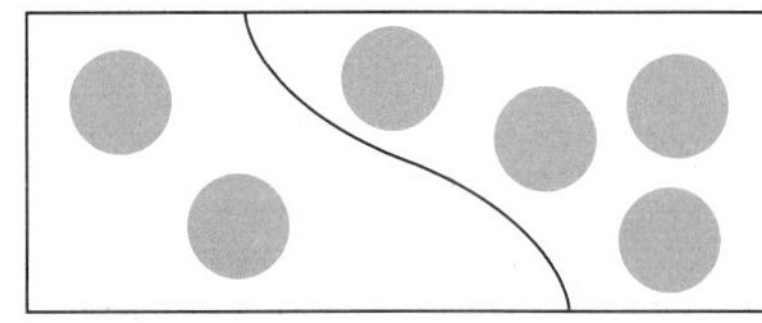

1 + 3 = 4 | __ + __ = __ | __ + __ = __

3 + __ = __ | __ + __ = __ | __ + __ = __

2

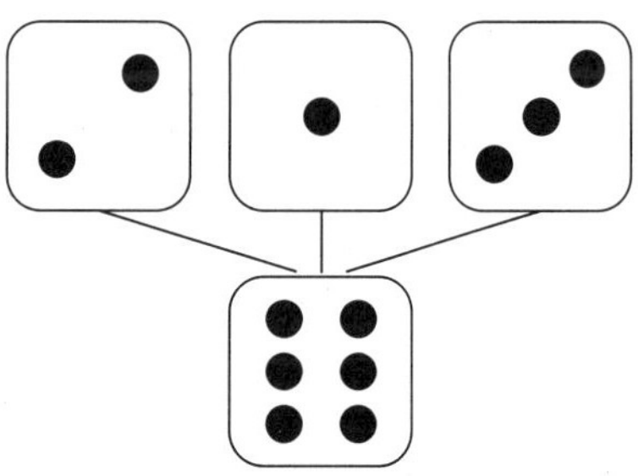

2 + 1 + 3 = 6

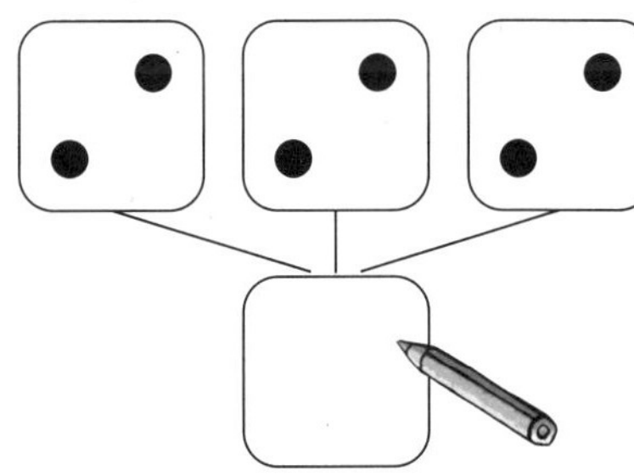

__ + __ + __ = __

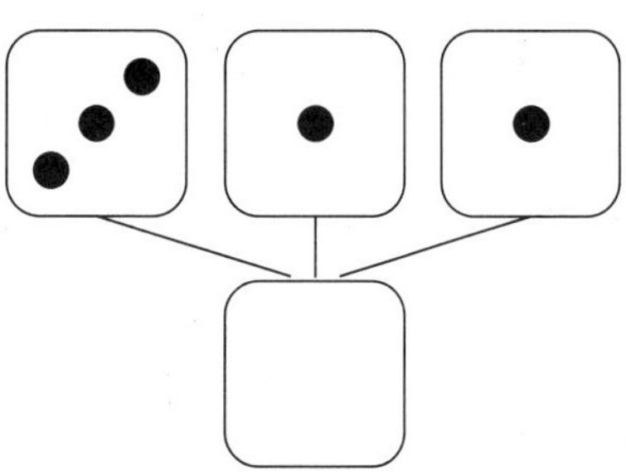

__ + __ + __ = __

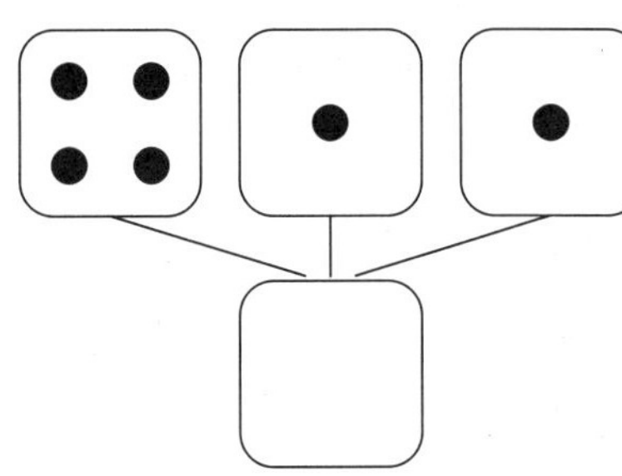

__ + __ + __ = __

3

5 + 1 = 6

2 + 4 = __

3 + 2 = __

2 + 3 + 1 = __

1 + 3 + 1 = __

3 + 1 + 2 = __

Test 2 c (Minusaufgaben)

Name: ______________________ *Datum:* ______________

1

6 – 2 = 4

☐ – ☐ = ☐

☐ – ☐ = ☐

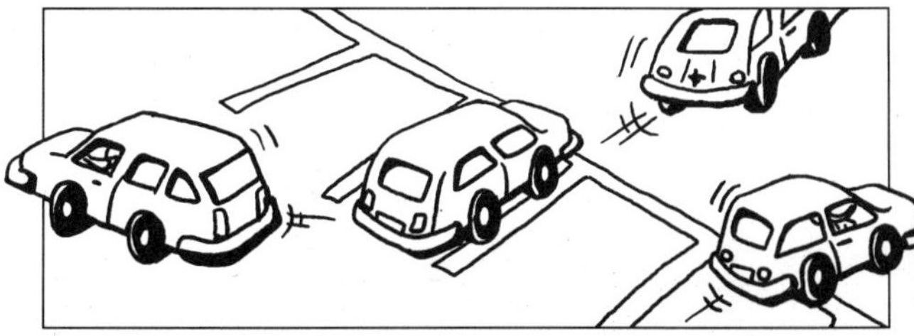

☐ – ☐ = ☐

2

6 – 2 = 4

☐ – ☐ = ☐

☐ – ☐ = ☐

☐ – ☐ = ☐

☐ – ☐ = ☐

☐ – ☐ = ☐

3

6 – 3 = 3

5 – 4 = ☐

4 – 2 = ☐

3 – 2 = ☐

5 – 3 = ☐

6 – 4 = ☐

Test 2 d (Minusaufgaben)

Name: ______________________ *Datum:* ______________________

1

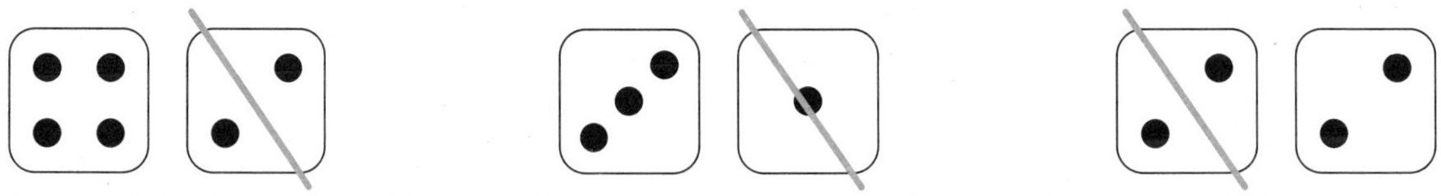

6 − 2 = 4 ☐ − ☐ = ☐ ☐ − ☐ = ☐

☐ − ☐ − ☐ = ☐ ☐ − ☐ − ☐ = ☐

2

4 − 3 = 1 6 − 2 − 2 = ☐

6 − 2 = ☐ 4 − 1 − 1 = ☐

5 − 3 = ☐ 5 − 2 − 1 = ☐

5 − 1 = ☐ 6 − 3 − 2 = ☐

3

2 + 3 = 5 5 − 2 = ☐ 3 + 3 = ☐

6 − 5 = ☐ 3 + 1 = ☐ 6 − 3 = ☐

5 − 4 = ☐ 2 + 2 = ☐ 6 − 4 = ☐

4

4 − 2 = 2 6 − ☐ = 5 5 − ☐ = 1

1

0 0

0

2

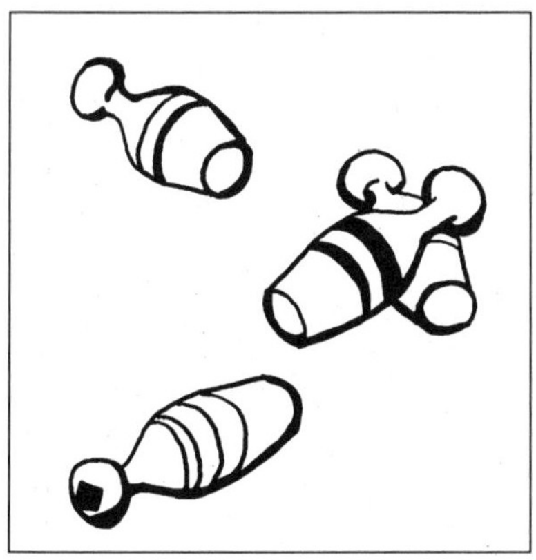

6 − 6 = 0 | 4 − □ = □ | □ ○ □ = □

3

⊠⊠⊠⊠	□□⊠	□□⊠⊠⊠
4 − 4 = 0	□ − □ = □	□ − □ = □

□⊠⊠⊠⊠⊠	⊠⊠	⊠
□ − □ = □	□ − □ = □	□ − □ = □

□□□■■	□□■■	□■■■■
3 + 2 = □	□ + □ = □	□ + □ = □

□□	□□□	□□□□□
2 + 0 = 2	□ + □ = □	□ + □ = □

KV 8 a: Bildrechnen (Partnerspiel)

- Schneide die Bildkarten aus.
- Zeige einem anderen Kind die Bildkarten, zu denen es eine Plusaufgabe nennen soll.
- Kontrolliere mit den Aufgaben auf der Rückseite.
- Tauscht die Rollen.

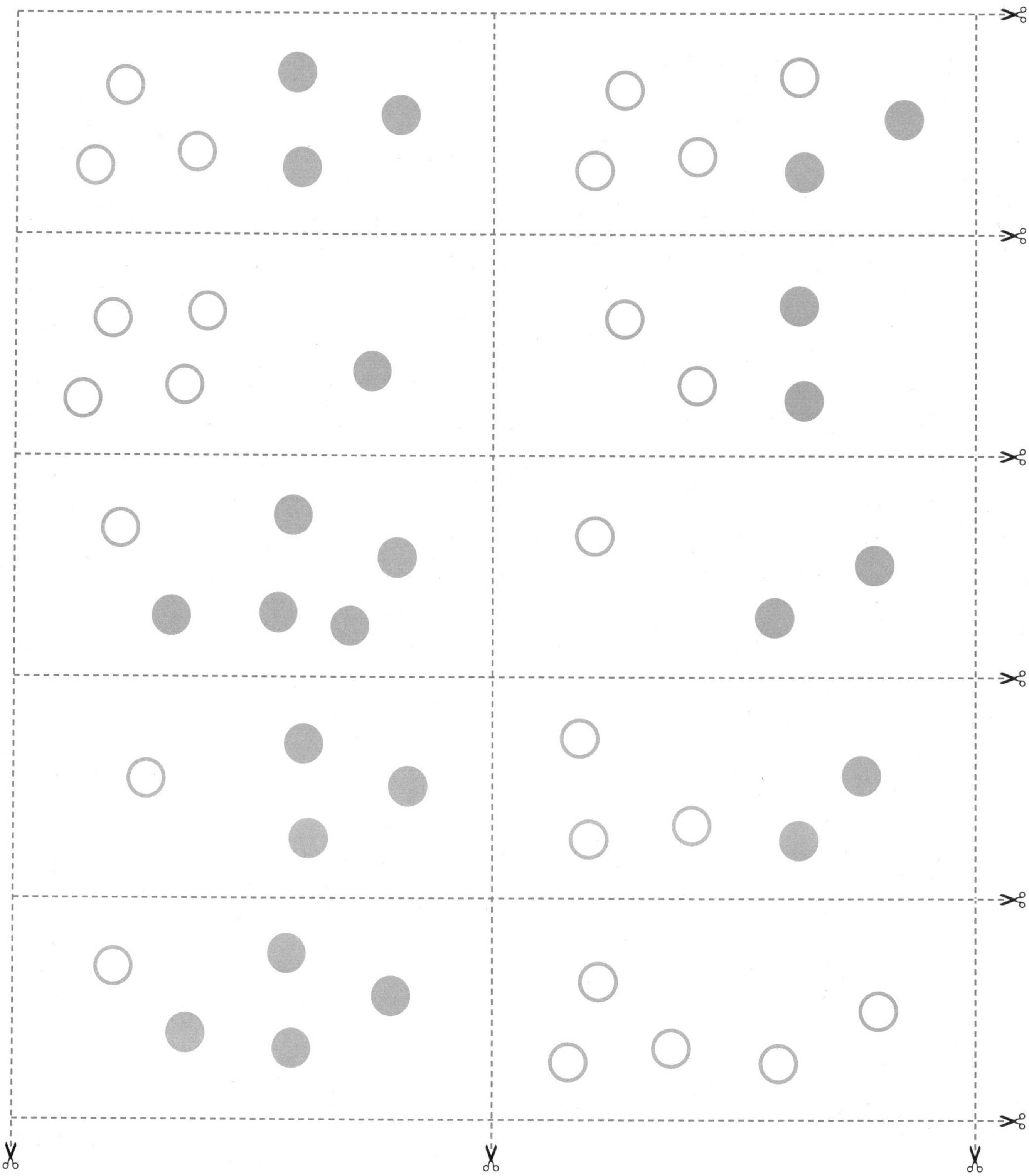

KV 8 b: Bildrechnen (Partnerspiel)

4 + 2	3 + 3
2 + 2	4 + 1
1 + 2	1 + 5
3 + 2	1 + 3
5 + 0	1 + 4

KV 9: Plus-Minus-Spiel (Legespiel, Partnerspiel)

- Schneide den Spielplan und die Rechenkärtchen aus.
- Lege jedes Rechenkärtchen auf das passende Würfelbild im Spielplan.
- Überlege dir dazu ein Partnerspiel.

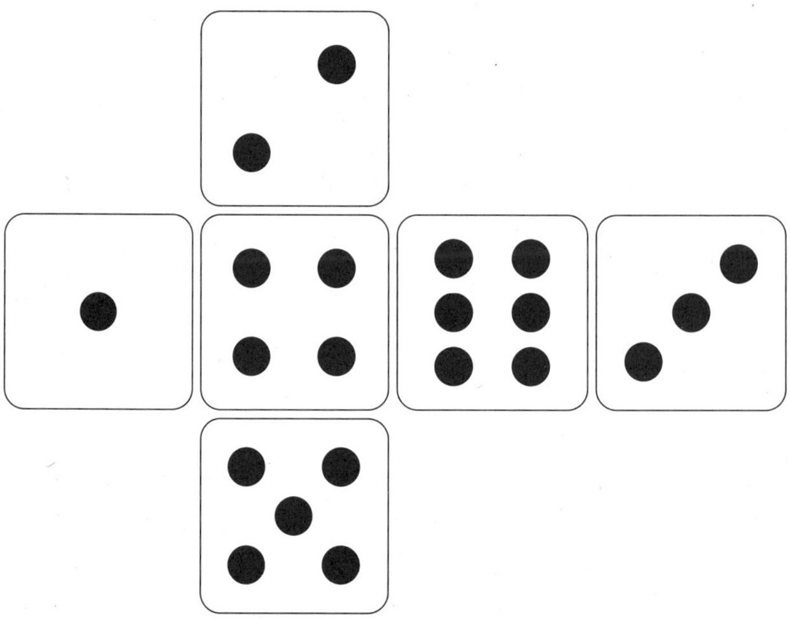

5 + 1 = ☐	4 − 3 = ☐	3 + ☐ = 5	☐ + 1 = 3
2 + 2 = ☐	3 − 2 = ☐	1 + ☐ = 3	☐ + 2 = 4
3 + 2 = ☐	6 − 1 = ☐	3 + ☐ = 6	☐ + 4 = 6
1 + 4 = ☐	5 − 4 = ☐	6 − ☐ = 4	☐ − 5 = 1

KV 11: Wochenübungsblatt 1
Plusaufgaben üben

1

●●●○○	●○○	●●●○○○
3 + 2 = 5	☐ + ☐ = ☐	☐ + ☐ = ☐
●●○	●●●●○○	●●○○
☐ + ☐ = ☐	☐ + ☐ = ☐	☐ + ☐ = ☐
●●○○○	●○○○	●○○○○
☐ + ☐ = ☐	☐ + ☐ = ☐	☐ + ☐ = ☐
●●○○○○	●●●●○	●●●○
☐ + ☐ = ☐	☐ + ☐ = ☐	☐ + ☐ = ☐

2

2 + 3 = 5	1 + 2 = ☐	3 + 3 = ☐
●●○○○		
2 + 4 = ☐	2 + 2 = ☐	4 + 1 = ☐
1 + 3 = ☐	3 + 1 = ☐	3 + 2 = ☐
1 + 5 = ☐	2 + 1 = ☐	1 + 4 = ☐

KV 12: Wochenübungsblatt 2
Plusaufgaben üben

1

2 + 1 = 3	5 + 1 = __	2 + 4 = __
4 + 2 = __	0 + 4 = __	3 + 2 = __
3 + 1 = __	2 + 3 = __	1 + 2 = __
2 + 2 = __	4 + 1 = __	6 + 0 = __
1 + 4 = __	1 + 5 = __	0 + 2 = __
3 + 0 = __	3 + 3 = __	1 + 3 = __

2

3 + 1 = 4	4 + __ = 5	1 + __ = 4
2 + __ = 5	2 + __ = 4	2 + __ = 3
1 + __ = 3	1 + __ = 2	6 + __ = 6
2 + __ = 6	3 + __ = 5	2 + __ = 2
1 + __ = 6	4 + __ = 6	1 + __ = 5
3 + __ = 6	5 + __ = 6	5 + __ = 5

KV 13: Wochenübungsblatt 3
Minusaufgaben üben

1

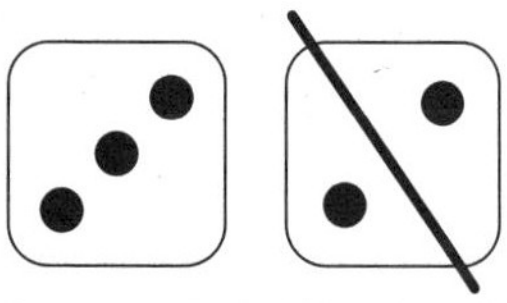
5 − 2 = 3

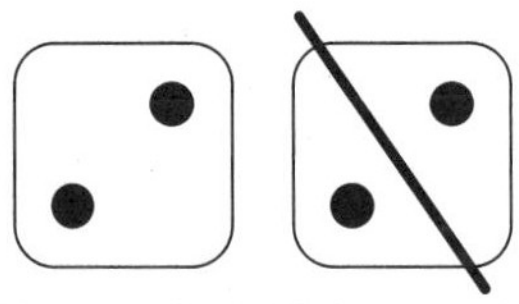
☐ − ☐ = ☐

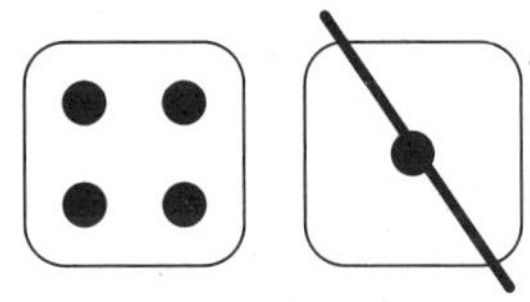
☐ − ☐ = ☐

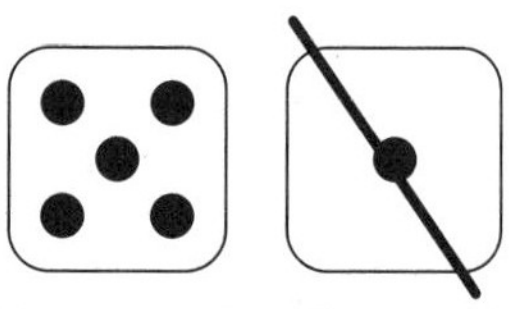
☐ − ☐ = ☐

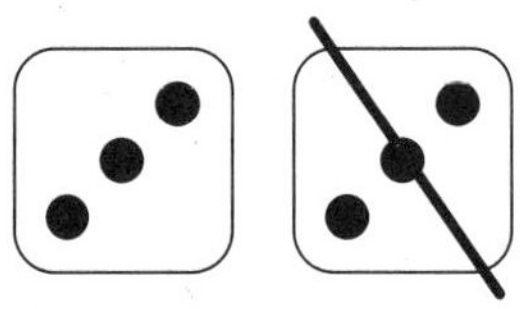
☐ − ☐ = ☐

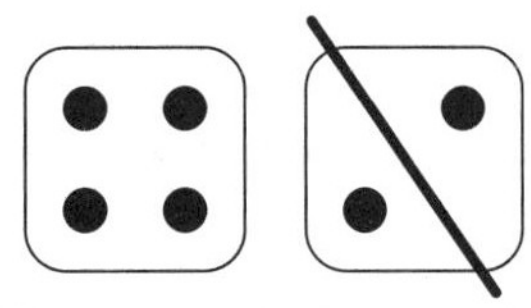
☐ − ☐ = ☐

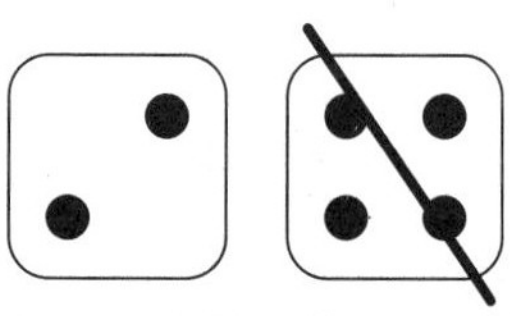
☐ − ☐ = ☐

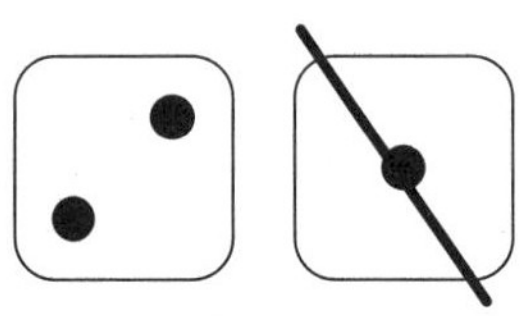
☐ − ☐ = ☐

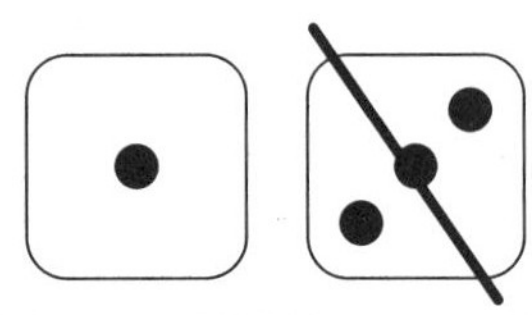
☐ − ☐ = ☐

2

4 − 1 = 3

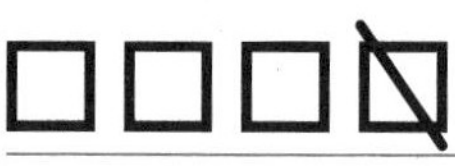

4 − 3 = ☐

4 − 2 = ☐

2 − 1 = ☐

5 − 1 = ☐

3 − 1 = ☐

6 − 3 = ☐

3 − 2 = ☐

6 − 4 = ☐

5 − 2 = ☐

5 − 4 = ☐

6 − 1 = ☐

KV 14: Wochenübungsblatt 4
Minusaufgaben üben

1

5 − 1 = 4	1 − 0 =	6 − 1 =
4 − 2 =	6 − 4 =	5 − 4 =
6 − 3 =	5 − 3 =	6 − 2 =
4 − 0 =	3 − 2 =	4 − 3 =
5 − 2 =	4 − 1 =	6 − 5 =
2 − 1 =	3 − 1 =	3 − 0 =

2

6 − 4 = 2	6 − ☐ = 6	5 − ☐ = 2
4 − ☐ = 1	5 − ☐ = 4	4 − ☐ = 2
4 − ☐ = 3	6 − ☐ = 4	3 − ☐ = 3
2 − ☐ = 1	5 − ☐ = 1	6 − ☐ = 5
5 − ☐ = 3	4 − ☐ = 4	6 − ☐ = 1
5 − ☐ = 5	3 − ☐ = 1	6 − ☐ = 3

6 Themenheft 3: Die Zahlen von 7 bis 13

6.1 Allgemeine Hinweise, Ziele und Begründungen

Die Zahlvorstellung auch in diesem erweiterten Zahlenraum enthält:

- Anzahl- oder Kardinalzahlaspekt (Anzahl der Elemente von Mengen),
- Zählaspekt (natürliche Zahlfolge),
- Kodierungsaspekt (Autonummern, Telefonnummern usw.).

Der Ordnungsaspekt wird erst wieder im nächsten Heft berücksichtigt.

Ziel ist, dass die Kinder:

- *eine umfassende Zahlvorstellung in dem Zahlenraum entwickeln, der nun simultan nicht mehr erfassbar ist.*
- *die „neuen" Zahlen wieder in ihrer Umwelt entdecken und beschreiben.*
- *Gruppierungen/Mengen im erweiterten Zahlenraum unterscheiden.*
- *Gruppierungen/Mengen im erweiterten Zahlenraum in ihrer Anzahl benennen, wobei sie die Anzahl durch Abzählen oder das additive „Zurückführen" auf die bisher schon bekannten Zahlen bestimmen.*
- *den Zahlenraum von 7 bis 13* ***ohne*** *jegliche Hürde (Zehnerübergang) beherrschen.*

Bei allen Zahlen gibt es neben den Schreibübungen bereits Zerlegungsübungen mit Addition und Subtraktion auf vielfältiger bildlicher Ebene, die jeweils auch noch zusätzlich als Handlungsanregung genutzt werden sollten. Bei den Zerlegungsaufgaben werden im mathematischen Sinn alle möglichen ergebnisgleichen Terme gebildet. Dadurch wird jede Zahl durch eine Erweiterung des bisherigen Kenntnisstandes erreicht und gleichzeitig durch die Zerlegungsübungen die Addition und Subtraktion im neuen Zahlenraum mit berücksichtigt. Es zahlt sich hier aus, dass die Kinder sowohl den Zahlenraum von 1 bis 6 als auch die Addition und Subtraktion im Grundverständnis bereits intensiv erarbeitet und gefestigt haben. Selbstverständlich sollten bei jeder neu dazukommenden Zahl auch die Zahlreihen ergänzt und einige Aufgaben zum automatisierenden Üben der Addition und Subtraktion zusätzlich mit Hilfe der in den Beilagen angebotenen Zahlkärtchen durchgeführt werden. Weitere Übungen zum Festigen folgen, wenn der Zahlenraum bis 20 endgültig erarbeitet ist.

Ein jeweils logischer Aufbau steckt dabei hinter jeder „neuen" Zahl:

- Schreibübungen,
- Zerlegungsaufgaben mit bildlichen Hilfen,
- Additions- und Subtraktionsaufgaben mit bildlichen Hilfen und ohne.

Derartige Aufgaben sind in den Kopiervorlagen zusätzlich strukturiert und aufbauend angeboten.

Der **Zehnerübergang** findet hier beim ersten Zehner keinerlei Beachtung. Der Zahlenraum bis 20 soll von den Kindern als Ganzes ohne jegliche Hürde erfahren und auch sicher beherrscht werden. Dies ist unabdingbar notwendig, wenn später über Analogieaufgaben Zehnerübergänge im erweiterten Zahlenraum über 20 sinnvoll gebildet und angewandt werden sollen. Kinder, die den Zahlenraum bis 20 nicht als Einheit erfahren, gelernt und erfasst haben, nutzen später nie Analogieaufgaben (27 + 4 = 31, weil 7 + 4 = 11 ist), sondern gehen immer wieder mit dem „üblichen" Zehnerübergang um.

Häufig werden die zehn Finger als notwendige Grenze und den dann erforderlichen Zehnerübergang angeführt. Kinder, die einfach „weiterzählen", finden selbst herausragende Hilfsmittel. Sie tupfen z. B. bei über 10 die Finger an der Nase oder auf dem Tisch an und zählen weiter. Sie wissen dann, dass sie mit ihrer Hand nun über der 10 sind und zählen mit den dann einzelnen Fingern 11, 12 usw. weiter. Diese und alle anderen „Hilfsmittel" werden bewusst unterstützt und sollen allmählich zur Automatisierung aller Aufgaben im Zahlenraum bis 20 führen.

Über die vielen Zerlegungsaufgaben erfahren die Kinder, dass die Zahlen über Zehn auf ganz unterschiedliche Weise gebildet werden können und die Bildung mit 10 + … eben nur eine von vielen ist. Bei der Addition bauen nur wir als Lehrkräfte üblicherweise diese Ergänzung auf 10 ein, vermutlich weil wir es auch so irgendwann gelernt haben oder meinen, es müsste einfach so sein. Wenn wir den Kindern mühsam beibringen, dass sie bei der Addition erst zur 10 ergänzen und dann den Rest addieren sollen, machen sie es so lange, wie wir dies einfordern. Ansonsten zählen sie entweder wieder mit den Fingern einfach weiter oder können es irgendwann automatisiert. Auch wir werden doch nicht ohne Not mehrere Aufgaben lösen, wenn dies im Zahlenraum bis 20 auch immer mit einer möglich ist. Wir als Erwachsene berechnen z. B. 7 + 5 später als eine Aufgabe mit der Lösung 12. Wir zerlegen nicht so, wie es beim bewussten Zehnerübergang immer verlangt wird (siehe Darstellung unten). Kinder machen es im Unterricht genauso, wenn ihnen der Weg freigestellt ist. Zudem ist es unabdingbar, dass die Kinder den Zahlenraum bis 20 in jeder Situation als Einheit ohne die Zehnerhürde erfahren. Sie müssen all diese Aufgaben sicher ohne jegliche Zerlegung beherrschen, wenn in der nächsten Phase und dem er-

weiterten Zahlenraum Analogieaufgaben als Lösungshilfen im Mittelpunkt stehen. Erfahrungen in den Folgejahren lassen übrigens sofort erkennen, ob Kinder den Zahlenraum als Ganzes oder mit der ersten Zehnerhürde erfahren haben: Kinder, die den ersten Zehnerübergang immer bewusst gestalten mussten, wenden diese Strategie auch später in neuen Zahlbereichen immer an und verwenden keine Analogieaufgaben. Diese unnötige Zeit und diesen unnötigen Aufwand, der für später gar nichts bringt, wollen wir vermeiden und stattdessen alle Additionen und Subtraktionen im Zahlenraum bis 20 ohne bewussten Zehnerübergang intensiv festigen.
Beim oft praktizierten „bewussten" Zehnerübergang, z. B. bei der Aufgabe „7 + 5", soll ein Kind folgende Schritte rechnen:

- Von 7 bis 10 fehlen 3.
- 5 soll ich addieren. 3 davon habe ich schon bis 10 verbraucht.
- 2 bleiben übrig.
- 10 + 2 = 12, also sind 7 + 5 = 12.

Wir plädieren für und praktizieren die grundlegende Erarbeitung auf verschiedenen Handlungs- und Anschauungsebenen, die zur Automatisierung des einzigen Schrittes 7 + 5 = 12 führt! Genauso wie die Kinder z. B. 3 + 5 = 8 über Handlungen, Bilder und automatisiertes Üben rechnen, können sie auch Aufgaben über den Zehner hinweg (wie z. B. 7 + 5 = 12) lösen. Zudem ist es beabsichtigt, dass Kinder ihre individuellen Zahlzerlegungen und die aufgebauten Zahlvorstellungen beim Lösen von Aufgaben über den Zehner hinweg selbst individuell gestalten und anwenden. Zu einem späteren Zeitpunkt lernen die Kinder bewusst weitere Strategien bei der Verwendung von Nachbaraufgaben, Umkehraufgaben und Verdopplungen kennen (Themenheft 5).

6.2 Anregungen für einen Einstieg und begleitende Handlungen

Auch hier haben wir wieder bewusst einen Einstieg mit angesprochen und angeregt. Dies bedeutet jedoch nicht, dass gemeinsam mit allen Kindern im herkömmlichen Sinne eingeführt werden muss.
Aufgaben (möglichst auch offene) zum **Anzahlaspekt** stehen wieder im Vordergrund. Der Bezug zum bisher Erlernten ist dabei immer vorhanden und ermöglicht den Kindern, ihr bereits vorhandenes Wissen und Können einzubringen. Die Kinder können diese Aufgabenstellungen alleine erfassen und sicherlich auch umsetzen, zumal sie im Zahlenraum von 1 bis 6 alle notwendigen Grundlagen und Vorgehensweisen kennen lernen konnten.

Als eigenen Einstieg in die neue Thematik können die Kinder auch wieder Darstellungen mit Zahlen auf Bildern sammeln, ausschneiden und aufkleben, gerne auch zählbare Gruppierungen, die mit einem Zahlkärtchen gekennzeichnet werden können, herstellen.

Weitere Anregungen, vor allem für die Partnerarbeit, sind hier ebenso wie für den Zahlenraum von 1 bis 6 notwendig und sinnvoll:
Anzahlen bestimmen:

- beim Bauen mit Bauklötzen oder Steckwürfeln,
- beim Sortieren von Spielsachen,
- beim Abzählen von Sportgeräten in der Halle,
- beim Abzählen von Kindergruppen, die zuvor nach unterschiedlichen Gesichtspunkten gebildet wurden (z. B. Wohnstraßen, Anzahl der Geschwister, gleiche oder ähnliche Kleidungsstücke usw.),
- durch die Darstellung der jeweiligen Zahl mit Wendeplättchen,
- beim Abpacken in Beuteln,
- beim Händeschütteln,
- beim Drücken am Arm oder mit den Händen,
- beim Blinken mit einer Taschenlampe,
- beim Schrittegehen,
- beim Anschlagen oder Anspielen von unterschiedlichen Musikinstrumenten,
- beim Stempeln,
- beim Spielen mit Bild- oder Spielzoo (Holz- oder Stofftiere),
- beim Ordnen von Spiel- oder Schulsachen,
- beim Erstellen und Spielen eines Memory mit nun zwei Würfelbildern und passender Zahl,
- beim Erstellen und Spielen eines Memory mit Mengenbild und passender Zahl,
- usw.

6.3 Ziele, Anregungen und Hinweise zum Thema

Ziel ist, dass die Kinder:

- *die „neuen" Zahlen wieder in ihrer Umwelt entdecken und beschreiben.*
- *Gruppierungen/Mengen im erweiterten Zahlenraum unterscheiden.*
- *Gruppierungen/Mengen im erweiterten Zahlenraum in ihrer Anzahl benennen, wobei sie die Anzahl durch Abzählen oder das additive „Zurückführen" auf die bisher schon bekannten Zahlen bestimmen.*
- *den Zahlenraum von 7 bis 13* ***ohne*** *jegliche Hürde (Zehnerübergang) beherrschen.*
- *die richtige Schreibweise und den richtigen Bewegungsablauf der Ziffern 7, 8 und 9 ausführen.*

Die Einführung der Schreibweise für die Null sehen wir als überflüssig an, da sie wie der Buchstabe O geschrieben wird und die Kinder dies bereits können.

Weitere Anregungen und Besprechungspunkte für das Plenum sind:
Die weiteren Möglichkeiten beziehen sich auf gemeinsame Aktivitäten im Plenum und sind dabei teilweise selbstverständlich auch bereits Besprechungspunkte. Zusätzlich sind reine Besprechungspunkte mit aufgeführt. Eine Trennung der beiden Bereiche scheint uns nicht sinnvoll bzw. sehr künstlich. Wer gemeinsame Hinführungsphasen im Plenum gestaltet, findet hier ebenfalls Anregungen:

- Jedes Kind beschreibt seinen individuellen „Favoriten" für die Darstellung einer neuen Zahl (z. B. „Ich kann mir 13 besser merken als 11 + 2." usw.).
- Alle Aktionsbilder bei der Einführung der Schreibweise können selbstverständlich auf jede Übung zur Schreibeweise anderer Ziffern übertragen werden.
- Dasselbe gilt für alle anderen Aktionsbilder zur Zahlzerlegung, Addition und Subtraktion.
- Überlegungen werden gesammelt, welche additiven Zahlbildungen mit einem Kärtchen als Ausgangsbasis gebildet werden können (z. B. „Ich nehme das Kärtchen mit der Ziffer 4. Welche Zahlen können durch das additive Zufügen eines weitere Kärtchens gebildet werden?") Dabei sind durchaus auch Strategien für die Bilder angesprochen.
- Dasselbe geht natürlich auch mit der Ergebniszahl als Ausgangsbasis (Zerlegungen).
- Die Rechenkärtchen der Beilagen von Einstern können zum automatisierenden Üben verwendet werden:
  - als Legespiel in Partnerarbeit mit der einfachen Aufgabenstellung: „Lösen und überprüfen",
  - nach selbst gewählten Gesichtspunkten ordnen,
  - Aufgaben suchen, die jeweils das gleiche Ergebnis haben,
  - Aufgaben, die ein Kind bereits sicher beherrscht, aussortieren und als „gekonnt" verwahren.
- Zu einer Ergebniszahl werden alle möglichen Aufgaben gesucht, die mit zwei, drei, vier, fünf und sechs Summanden oder Subtrahenden gebildet werden können (mit Zahlkärtchen, mit Gegenständen, mit Würfelbildern usw.).
- Der Bezug unterschiedlicher Zerlegungsaufgaben zur bildlichen Ebene oder Handlungsebene kann vor allem über das unterschiedliche Anordnen der einzelnen Elemente in den Bildern oder Handlungen erfolgen. (Beispielsweise werden 13 Gegenstände in eine Reihe gelegt. Dies wäre die Aufgabe 13 + 0 oder 13 – 0. Wird zwischen einzelnen Gegenständen eine Lücke gestaltet, entsteht mit der gleichen Anzahl eine neue Zerlegung. Siehe dazu auch die Anregungen zum Schätzen in der KV 16: Anzahlen schätzen und abzählen.)

6.4 Beobachtungsbogen, Tests und Kopiervorlagen

Die folgenden Seiten können kopiert und individuell im Unterricht und als Hausaufgaben eingesetzt werden.

Beobachtungsbogen „Die Zahlen von 7 bis 13“

Name: ______________________________ *Datum:* ____________________

Zahlbegriff bilden

- ◯ verschiebt beim Abzählen von Mengen die Einzelelemente
- ◯ berührt beim Abzählen von Mengen die Einzelelemente
- ◯ zählt Mengen nur mit den Augen ab
- ◯ benötigt nach dem Abzählen einen zusätzlichen Repräsentanten, z. B. die Finger, um die Anzahl zu bestimmen
- ◯ kann bei Mengen mit 7 bis 13 Elementen die richtige Anzahl nennen
- ◯ kann zu den Zahlen 7 bis 13 eine/unterschiedliche Menge/n darstellen
- ◯ ______________________________
- ◯ ______________________________

Zahlen schreiben

- ◯ benötigt eine bildliche Hilfe (z. B. Punktebild), um die Bedeutung der Ziffern als Zahlzeichen richtig zu erkennen und zuzuordnen
- ◯ benötigt eine Vorlage, um die Ziffern ⎵ ⎵ ⎵ ⎵ ⎵ ⎵ ⎵ selbstständig und mit dem richtigen Bewegungsablauf zu schreiben
- ◯ schreibt die Ziffern ⎵ ⎵ ⎵ ⎵ ⎵ ⎵ ⎵ oft spiegelbildlich
- ◯ schreibt die Ziffern ⎵ ⎵ ⎵ ⎵ ⎵ ⎵ ⎵ selbstständig und nach vorgegebenem Bewegungsablauf ohne Hilfsmittel
- ◯ ______________________________
- ◯ ______________________________

Zahlzerlegungen

- ◯ benötigt konkretes Material, das bereits ausliegt, um die Zahlzerlegung zu erkennen
- ◯ benötigt vorgegebene Bilder, um die Zahlzerlegung zu erkennen
- ◯ kann selbst mit konkretem Material verschiedene Zahlzerlegungen zu einer vorgegebenen Anzahl finden
- ◯ kann selbst Bilder zeichnen, um zu einer vorgegebenen Anzahl verschiedene Zahlzerlegungen zu finden
- ◯ kann mit Zahlen auf rechnerischer/symbolischer Ebene verschiedene Zahlzerlegungen finden
- ◯ ______________________________
- ◯ ______________________________

Addition

- ◯ löst Plusaufgaben bis _____ mit Hilfe der Finger als anschauliche Hilfe
- ◯ löst Plusaufgaben bis _____ mit Hilfe bildlicher Darstellungen
- ◯ löst Plusaufgaben bis _____ mit Hilfe selbst gefertigter bildlicher Darstellungen
- ◯ löst Plusaufgaben bis _____ ohne Anschauungshilfen
- ◯ löst Ergänzungsaufgaben bis _____ mit Anschauungshilfen
- ◯ löst Ergänzungsaufgaben bis _____ ohne Hilfsmittel
- ◯ ______________________________
- ◯ ______________________________

Subtraktion

- ◯ löst Minusaufgaben bis _____ mit Hilfe der Finger als anschauliche Hilfe
- ◯ löst Minusaufgaben bis _____ mit Hilfe bildlicher Darstellungen
- ◯ löst Minusaufgaben bis _____ mit Hilfe selbst gefertigter bildlicher Darstellungen
- ◯ löst Minusaufgaben bis _____ ohne Anschauungshilfen
- ◯ löst Ergänzungsaufgaben bis _____ mit Anschauungshilfen
- ◯ löst Ergänzungsaufgaben bis _____ ohne Hilfsmittel
- ◯ ______________________________
- ◯ ______________________________

Test 3 a

Name: ______________________ Datum: ______________

❶

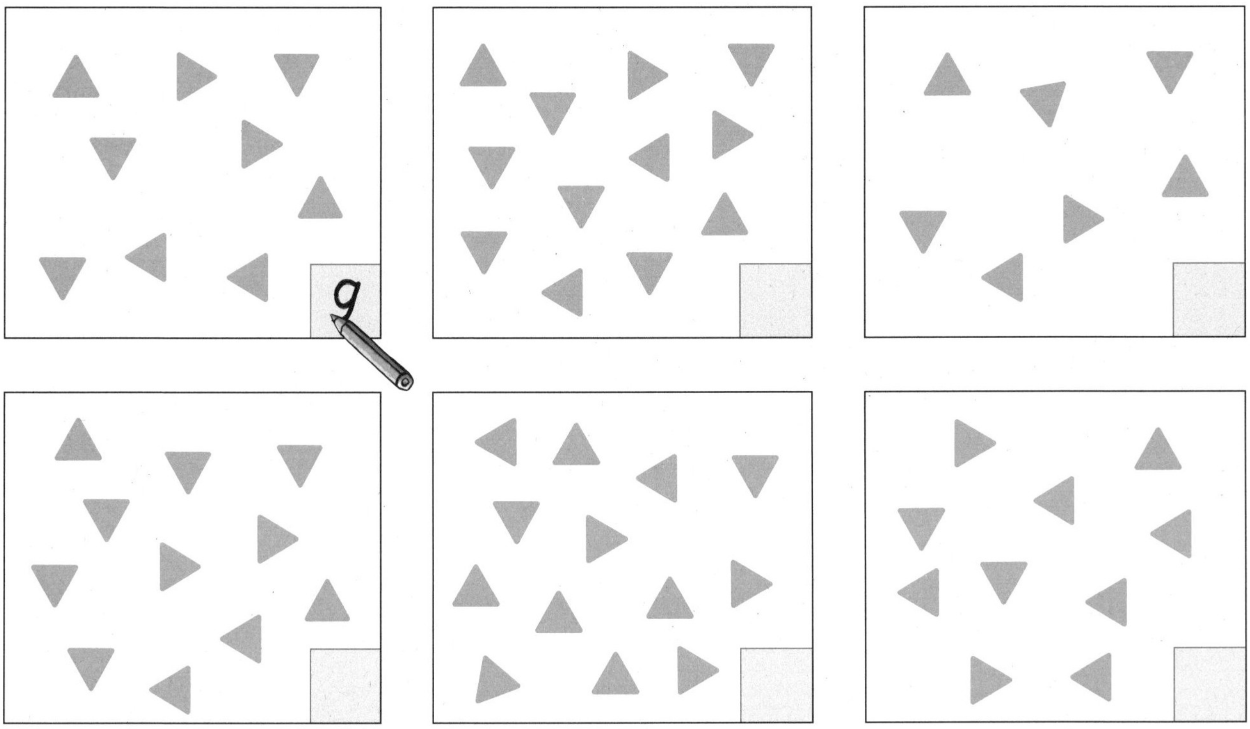

❷

5	6				10					
			7			10				
		5	6				10	11		

	10			12				13	9		

❸

12 > 9 8 ○ 10 7 ○ 11 12 ○ 13

10 < 13 9 < ☐ 13 > ☐ 11 < ☐

Test 3 b

Name: ______________________ *Datum:* ______________

❶

●●●● ○○○○

4 + 4 = 8

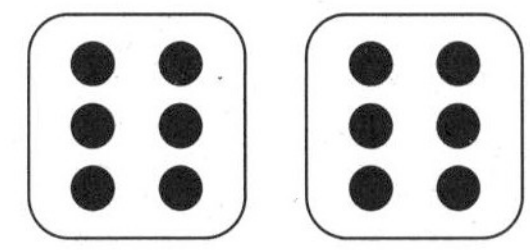

□ + □ = □

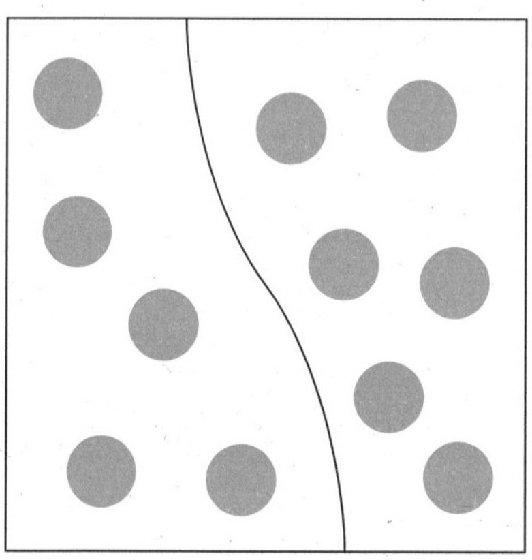

□ + □ = □

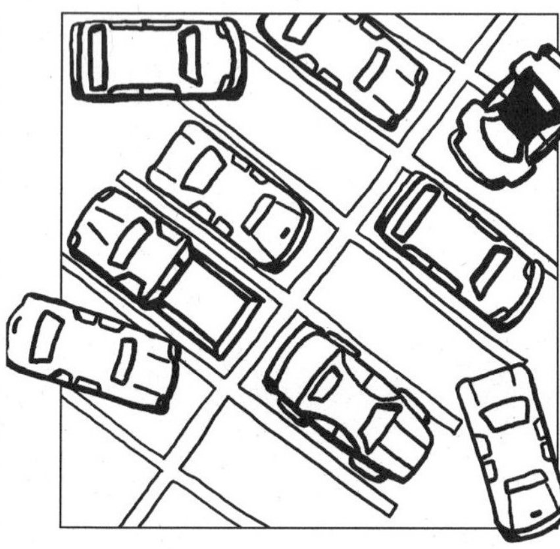

□ + □ = □

□ + □ = □

❷

○○○○○ ○○○⊘⊘ ⊘⊘

12 − 4 = 8

□ − □ = □

□ − □ = □

□ − □ = □

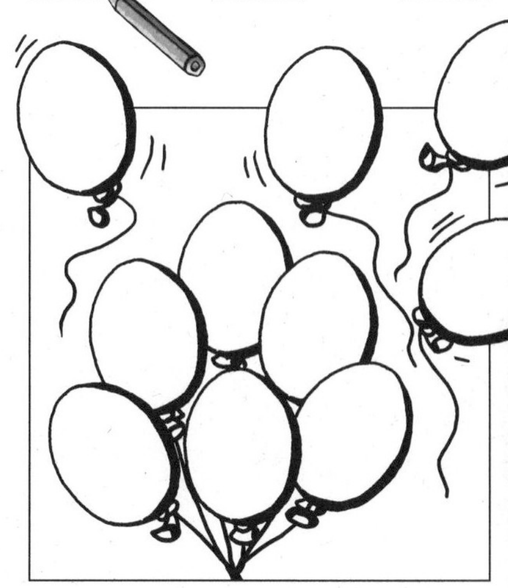

□ − □ = □

Test 3 c

Name: ______________________ *Datum:* ______________

1

7 + 5 = 12

○○○○○ ○○ ●●●●●

8 + 3 = ☐

9 + 2 = ☐

10 + 3 = ☐

8 + 5 = ☐

5 + 6 = ☐

2

12 − 3 = 9

○○○○○ ○○○○⊘ ⊘⊘

13 − 5 = ☐

9 − 4 = ☐

11 − 5 = ☐

10 − 6 = ☐

8 − 5 = ☐

3

9	
●●● ●●●	●●●

12	

10	

Test 3 d

Name: ______________________ *Datum:* ______________________

❶

4 + 4 = 8	☐ + ☐ = 7	11 − ☐ = ☐
6 + 2 = 8	☐ + ☐ = 7	11 − ☐ = ☐
☐ + ☐ = 11	☐ + ☐ = 13	9 − ☐ = ☐
☐ + ☐ = 11	☐ + ☐ = 13	9 − ☐ = ☐
☐ + ☐ = 12	☐ + ☐ = 9	13 − ☐ = ☐
☐ + ☐ = 12	☐ + ☐ = 9	13 − ☐ = ☐

❷

7 + 4 = 11	12 − 5 = ☐	6 + ☐ = 11
8 + 2 = ☐	9 − 6 = ☐	4 + ☐ = 10
5 + 7 = ☐	11 − 4 = ☐	8 + ☐ = 12
9 + 3 = ☐	13 − 7 = ☐	10 − ☐ = 4
3 + 6 = ☐	13 − 3 = ☐	9 − ☐ = 5
4 + 8 = ☐	12 − 7 = ☐	12 − ☐ = 6

- Schätze und trage ein.
- Zähle und trage ein.

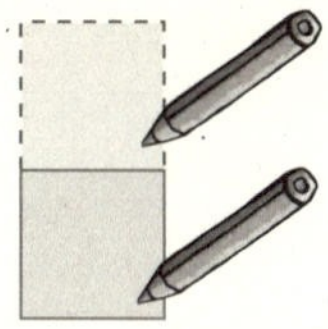

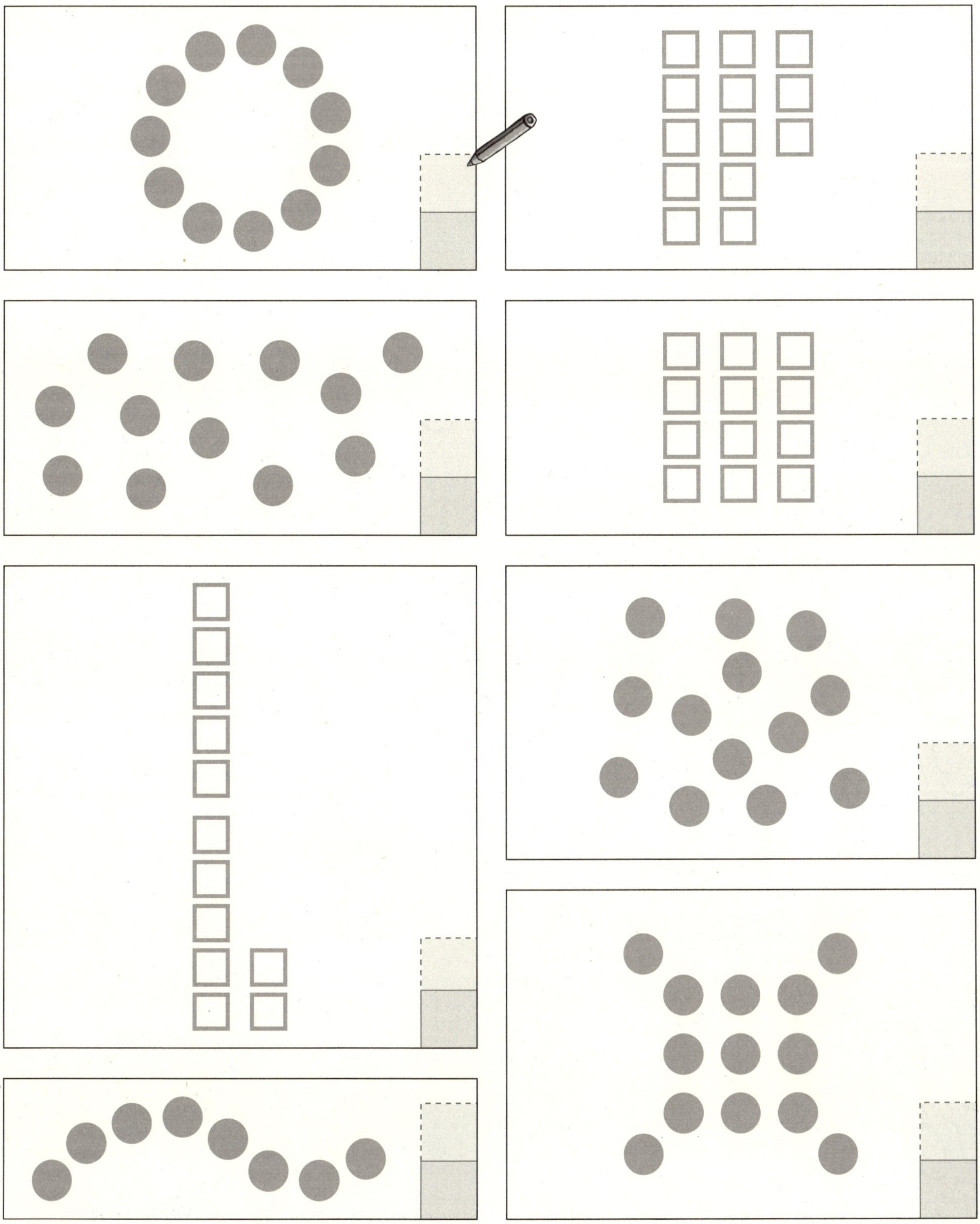

- Bei welcher Zeichnung fiel dir das Abzählen am leichtesten?

KV 17: 8 zerlegen

1

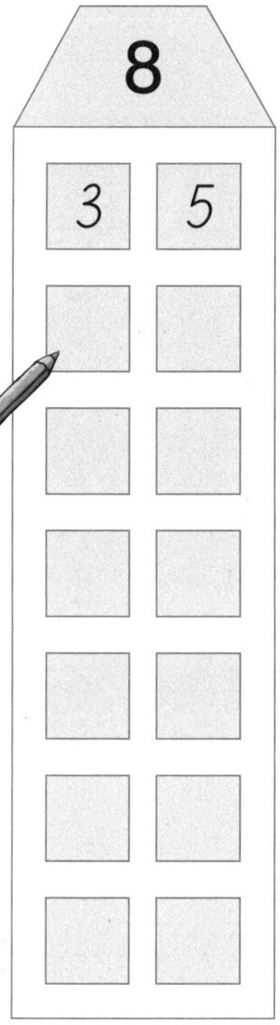

3 + 5 = 8

☐ + ☐ = 8

☐ + ☐ = 8

☐ + ☐ = 8

☐ + ☐ = 8

☐ + ☐ = 8

☐ + ☐ = 8

2

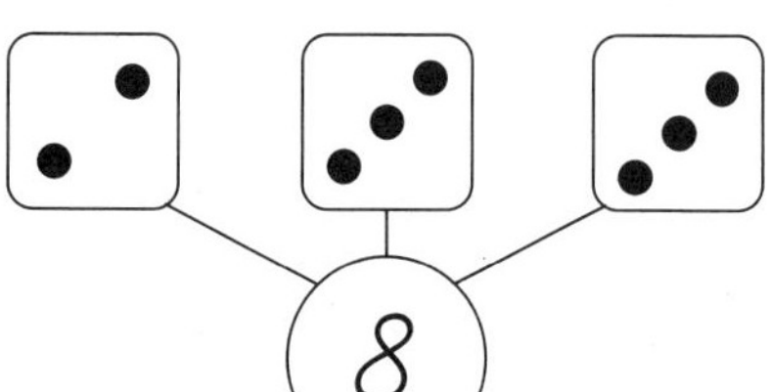

2 + 3 + 3 = 8

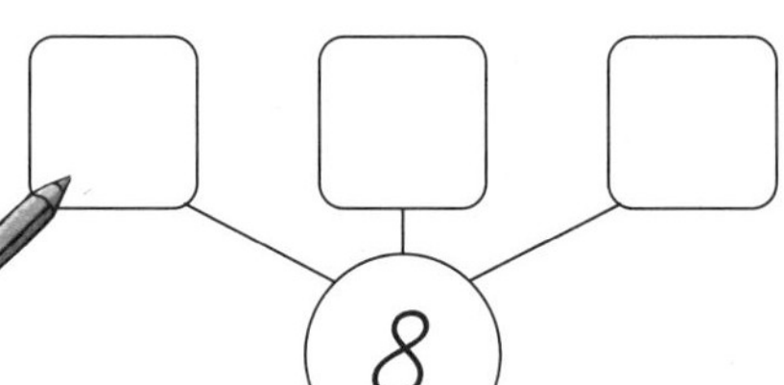

☐ + ☐ + ☐ = 8

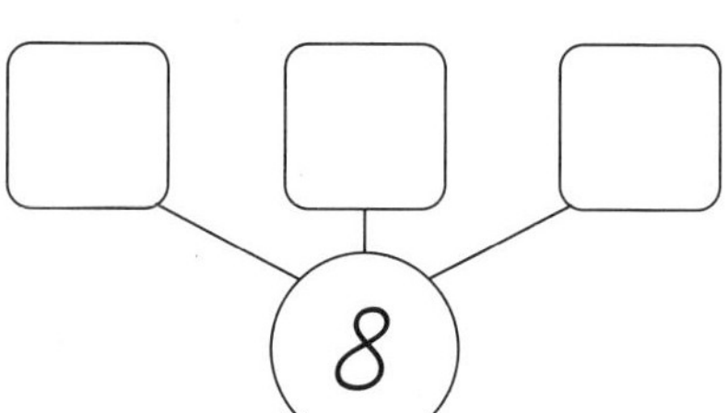

☐ + ☐ + ☐ = 8

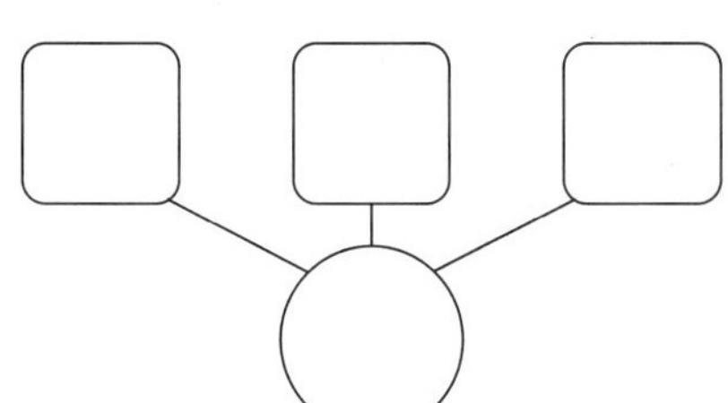

☐ + ☐ + ☐ = 8

KV 18: 9 zerlegen

1

9	
●●●	●●●●● ●

9	
3	6

3 + 6 = 9

_ + _ = 9

_ + _ = 9

_ + _ = 9

_ + _ = 9

_ + _ = 9

_ + _ = 9

_ + _ = 9

_ + _ = 9

_ + _ = 9

2

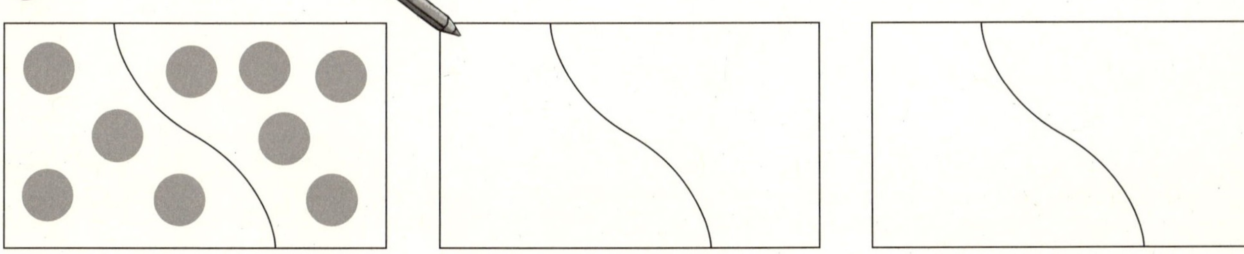

4 + 5 = 9 | _ + _ = 9 | _ + _ = 9

KV 19: Nachbarzahlen suchen (Partnerspiel)

- Suche dir einen Partner.
- Jeder stellt seinen Spielstein auf eines der Startfelder und setzt ihn um ein Feld weiter.
- Es darf nur auf eine Nachbarzahl gesetzt werden (Vorgänger oder Nachfolger).
- Die Richtung ist beliebig.
- Wer als Erster das Zielfeld erreicht, ist Sieger.

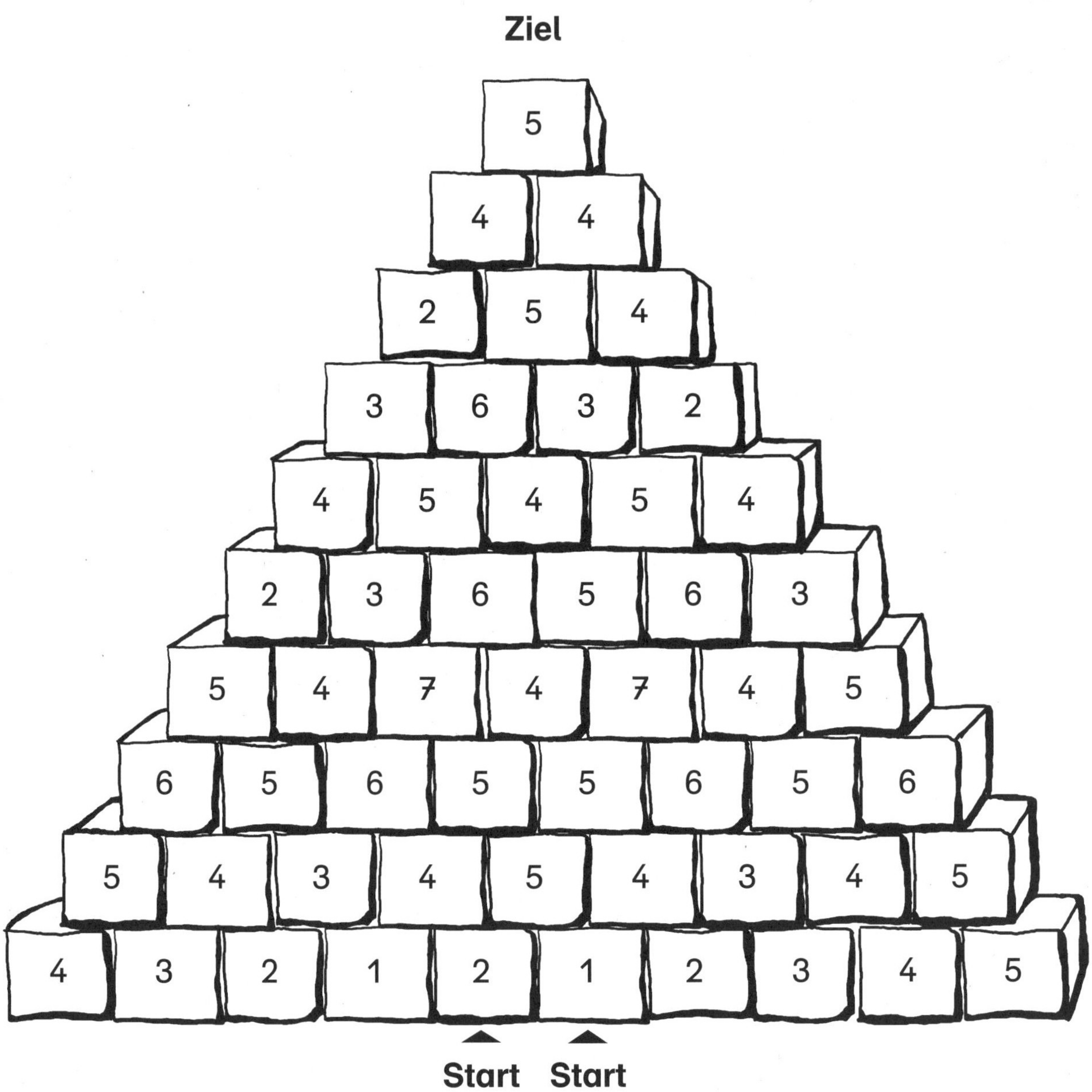

KV 20: Bis 10 legen (Partnerspiel)

- Suche dir 1 oder 2 Spielpartner.
- Jeder wählt sich ein Tier aus.
- Jeder würfelt einmal und deckt bei seinem Tier die gewürfelte Anzahl mit Plättchen ab.
- Wer nach einigen Runden mehr als 10 Plättchen hat, muss alle wegnehmen und von vorne beginnen.
- Wer zuerst die 10 Plättchen genau erreicht, ist Sieger.

KV 21: Wochenübungsblatt 1
Rechnen mit Bildern

1

2 + 5 = 7   □ + □ = □   □ + □ = □

□ − □ = □   □ − □ = □   □ − □ = □

2

□ + □ = □   □ + □ = □   □ + □ = □

□ − □ = □   □ − □ = □   □ − □ = □

3

□ + □ = □   □ + □ = □   □ + □ = □

□ − □ = □   □ − □ = □   □ − □ = □

4

□ + □ = □   □ + □ = □   □ + □ = □

□ − □ = □   □ − □ = □   □ − □ = □

KV 22: Wochenübungsblatt 2
Zahlzerlegungen finden

1

7		8		9		10	
3	4	2		2		5	
	2		3	4			7
	1	4			1		9
4			1	6		3	

2

7			8			9			10		
2	3	2	2	2		4	2		5		2
	1	4		4	2		5	3	4	3	
3	3		5		1	7	1		2		4
2		3	3		2	4		3		3	2

3

3 + 5 = 8   ☐ + ☐ = 9   ☐ + ☐ = 10

☐ + ☐ = 8   ☐ + ☐ = 9   ☐ + ☐ = 10

8 − ☐ = ☐   9 − ☐ = ☐   10 − ☐ = ☐

8 − ☐ = ☐   9 − ☐ = ☐   10 − ☐ = ☐

KV 23: Wochenübungsblatt 3
Plus- und Minusaufgaben üben

1

2 + 4 = 6	2 + 3 =	5 − 2 =
5 + 2 =	3 + 3 =	7 − 5 =
4 + 3 =	7 + 0 =	6 − 3 =

2

3 + 5 =	8 − 2 =	8 − 4 =
4 + 4 =	7 − 3 =	6 − 2 =
2 + 6 =	6 − 4 =	7 − 2 =

3

2 + 7 =	3 + 6 =	8 − 6 =
6 + 2 =	7 + 1 =	9 − 5 =
4 + 5 =	5 + 3 =	7 − 4 =

4

3 + 7 =	9 − 2 =	10 − 6 =
5 + 4 =	10 − 3 =	9 − 3 =
4 + 6 =	9 − 6 =	10 − 2 =

KV 24: Wochenübungsblatt 4
Rechnen mit Bildern

1

6 + 5 = 11

☐ + ☐ = ☐

☐ + ☐ = ☐

☐ − ☐ = ☐

☐ − ☐ = ☐

☐ − ☐ = ☐

2

☐ + ☐ = ☐

☐ + ☐ = ☐

☐ + ☐ = ☐

☐ − ☐ = ☐

☐ − ☐ = ☐

☐ − ☐ = ☐

3

☐ + ☐ = ☐

☐ + ☐ = ☐

☐ + ☐ = ☐

☐ − ☐ = ☐

☐ − ☐ = ☐

☐ − ☐ = ☐

KV 25: Wochenübungsblatt 5
Zahlzerlegungen finden

1

11	
5	6
	7
	4
9	

12	
8	
6	
	10
	7

13	
	9
	8
5	
	6

2

11		
5	2	4
	3	3
8	2	
6		4

12		
4		4
5		7
	6	3
6		6

13		
2		5
	4	6
7	4	
4		4

3

5 + 6 = 11	☐ + ☐ = 12	☐ + ☐ = 13
☐ + ☐ = 11	☐ + ☐ = 12	☐ + ☐ = 13
11 − ☐ = ☐	12 − ☐ = ☐	13 − ☐ = ☐
11 − ☐ = ☐	12 − ☐ = ☐	13 − ☐ = ☐

KV 26: Wochenübungsblatt 6
Plus- und Minusaufgaben üben

1

6 + 4 = 10	7 + 3 = ☐	11 − 5 = ☐
3 + 7 = ☐	4 + 7 = ☐	10 − 6 = ☐
5 + 6 = ☐	2 + 9 = ☐	9 − 3 = ☐

2

6 + 5 = ☐	12 − 5 = ☐	12 − 6 = ☐
9 + 3 = ☐	11 − 4 = ☐	11 − 7 = ☐
7 + 4 = ☐	9 − 6 = ☐	10 − 4 = ☐

3

5 + 8 = ☐	6 + 7 = ☐	12 − 7 = ☐
6 + 6 = ☐	9 + 2 = ☐	13 − 6 = ☐
3 + 9 = ☐	5 + 7 = ☐	11 − 8 = ☐

4

5 + 6 = 11	13 − ☐ = 9	12 − ☐ = 6
6 + ☐ = 13	12 − ☐ = 8	9 − ☐ = 2
5 + ☐ = 12	10 − ☐ = 4	13 − ☐ = 7

7 Themenheft 4: Die Zahlen bis 20 / Verwandte Aufgaben

7.1 Allgemeine Hinweise, Ziele und Begründungen

Alle bisher bekannten Handlungen, Bilder usw., die mithelfen, den neuen Zahlenraum zu erschließen, sind hier genauso zu unterstützen und einzusetzen wie bisher. Nur über die Handlungsebene und die zeichnerische Ebene können die Kinder die verständnisfundierte Sicherheit auf der symbolischen Ebene (reines Zahlenrechnen) erlangen (siehe auch Anregungen zu den Zahlen von 7 bis 13, Seiten 58 und 59).

Ziel ist, dass die Kinder:

- *die „neuen“ Zahlen auch wieder in ihrer Umwelt entdecken und beschreiben.*
- *Gruppierungen/Mengen im erweiterten Zahlenraum unterscheiden.*
- *Gruppierungen/Mengen im erweiterten Zahlenraum in ihrer Anzahl benennen, wobei sie die Anzahl durch Abzählen oder das additive „Zurückführen“ auf die bisher schon bekannten Zahlen bestimmen.*
- *alle Zahlen unterschiedlich strukturieren und die Zehner- und Einerstruktur als sinnvolles und allgemeines Strukturierungsmittel entdecken und annehmen.*
- *den Zahlenraum bis 20 mit Zehner- und Einerbündelung strukturieren und erfassen.*

Als Strukturierungshilfe für den Zahlenraum bis 20 wenden die Kinder sowohl das Weiterzählen als auch das beliebige Zusammenfassen und das Zusammenfassen zu Zehnerbündeln an. Ganz bewusst werden die Kinder angeregt, unterschiedliche Strukturen zu finden und zu erproben, um dann die leicht überschaubare und allgemein gültige Zehnerbündelung selbst als Präferenz zu entdecken und anzunehmen.

Die Bündelung nach unterschiedlichen Gesichtpunkten wird auch beim Schätzen immer angewandt. Solche Vorgänge sind mit den Kindern zu besprechen und bewusst zu machen. Kinder sollen, wie bisher auch schon, möglichst oft handelnd und durch Zeichnen sich selbst Strukturierungshilfen geben und nicht gleich auf die Zehnerbündelung hingeführt werden. (Erfahrungsgemäß bündeln viele Kinder gerne jeweils 5, was sie auch machen sollten, bis sie selbstständig bei größeren Zahlen zur noch „besseren“ Zehnerbündelung übergehen.) Kinder entdecken dann auch selbst, dass sich die Notation der Zehnerbündelung mit der Zahlenschreibweise deckt. Dies geschieht am besten durch das gegenseitige Vorstellen unterschiedlicher Bündelungen und vor allem durch das Begründen derartig unterschiedlichen Vorgehens. Das Bündeln in Zehner und Einer stellt gleichzeitig die Vorstufe für das Kennen und Anwenden von verwandten Aufgaben dar.

Der Umgang mit konkretem Material ist sehr wichtig, damit die Kinder entdecken können, wo sich beim weiteren Zahlenaufbau etwas verändert. Die Zehnerstange ändert sich z. B. nicht mehr, nur Einer verändern sich. Unabdingbar ist auch, dass die Kinder die Sprechweise möglichst oft anwenden und dabei üben (z. B. „14 sind 1 Zehner und 4 Einer.“).

7.2 Ziele, Anregungen und Hinweise zu den einzelnen Themen

Zahlen bis 20 kennen lernen

Ziel ist, dass die Kinder:

- *ihre bisherigen Erfahrungen und ihre Zahlvorstellung nun bei den Zahlen von 7 bis 20 anwenden.*
- *auch diese Zahlen in ihrer Umwelt entdecken und beschreiben.*
- *Gruppierungen/Mengen in diesem Zahlenraum unterscheiden, in ihrer Anzahl benennen und zueinander in Beziehung setzen.*

Als individuellen Einstieg können einzelne Kinder oder Gruppen auch wieder Darstellungen mit Zahlen auf Bildern sammeln, ausschneiden und aufkleben, gerne auch zählbare Gruppierungen, die mit einem Zahlkärtchen gekennzeichnet werden können, herstellen.

Unterschiedliches Strukturieren soll mithelfen, die restlichen Zahlen, analog zu den bisherigen und aufbauend auf diese Erfahrungen, zu erarbeiten.

Dabei sind bewusst die Fünferstruktur, Zehnerstruktur und eine Strukturierung z. B. auf der Ebene der Würfel (Sechserstruktur) mit einbezogen.

Die additive Zerlegung festigt bisherige Inhalte und trägt parallel dazu zum Üben durch Anwendung und zu Berechnungen, auch über den Zehner hinweg, bei.

Weitere Anregungen und Besprechungspunkte für das Plenum sind:

- Vor allem als Schätzhilfe können und sollen die Kinder auf ganz individuelle und persönliche Art strukturieren. Ziel weiterer Gespräche und Erfahrungen ist dann, dass die Kinder selbst die Fünfer- und Zehnerbündelung als leicht überschaubar und sinnvoll erkennen (z. B. „13 kann leicht erfasst werden, wenn ich eine Zehnerbündelung und dann noch 3 Einzelne habe.“).
- Die o. g. Strukturierungen können die Kinder in das Plenum einbringen. Dort werden sie besprochen (begründet, kommentiert) und quantitativ ausgewertet (auflisten, wer wie bündelt).
- Die Kinder führen Umfragen zu ganz verschiedenen Sachverhalten (Lieblingsessen, Lieblingsfarbe, Anzahl der Geschwister usw.) durch und notieren

- Die Kinder sollen diese Eigenschaft einer Zahl kennen lernen, müssen sie jedoch noch nicht endgültig definieren und beherrschen (d. h. umgangssprachlich in Anlehnung an die Handlung beschreiben können).

Zehner und Einer

Ziel ist, dass die Kinder:

- *die Zehnerbündelung als ein vereinbartes Ordnungssystem erkennen und erfahren.*
- *den Zusammenhang von Zehnerbündelung und Einzelnen zur Zahlbildung in unserem Zahlsystem erkennen und beschreiben.*

Die Kinder erfahren die Zehnerbündelung als Strukturierung von Zahlen über 10. Der erste Zugang erfolgt über die Sortierung mit Hilfe von Eierkartons.
Den Kindern sind Steckwürfel bereits bekannt. Diese werden nun im Zusammenhang mit Zehnerstangen und Einzelnen strukturiert. Selbstverständlich können hier auch in der Schule vorhandene Mehrsystemblöcke (Stangen und Einzelne) angeboten und eingesetzt werden. Für viele Kinder ist dieses Material wegen der bereits im Material enthaltenen Zehnerbündelung und den immer noch sichtbaren „Einzelnen" eine besondere Hilfe.
Die Zehnerbündelung kann und sollte auf vielfältige Art, z. B. durch Zusammenstecken, mit einer Schnur umlegen usw., handelnd von den Kindern durchgeführt werden.

Weitere Anregungen und Besprechungspunkte für das Plenum sind:

- unterschiedliche Bündelungsarten mit ihren Vor- und Nachteilen vorstellen und besprechen,
- Vorteile von Mehrsystemmaterialien erkennen (die Zehnerstruktur ist als Zehnerstange bereits vorgegeben, bei Steckwürfeln muss sie zunächst überprüft werden),
- bei Steckwürfeln Vereinbarung ableiten, dass immer nur 10 zusammengesteckt werden und Einzelne „lose" bleiben.

Verwandte Aufgaben/Analogieaufgaben

Ziel ist, dass die Kinder:

- *die Ähnlichkeit von Aufgaben erkennen und beschreiben.*
- *Ergebnisse von „einfachen" Aufgaben auf verwandte Aufgaben übertragen.*
- *zu Aufgaben jeweils passende „einfache" Aufgaben benennen und als Rechenhilfe anwenden.*

An der relativ großen Anzahl von Analogieaufgaben ohne Zehnerübergang sollen die Kinder den Sinn und die große Hilfe von Analogieaufgaben konkret immer wieder neu erfahren. Der erweiterte Zahlenraum lässt sich dann später genauso und zusätzlich mit den Analogieaufgaben mit Zehnerübergang aus dem Zwanzigerraum leicht erarbeiten und strukturieren und auf bereits Bekanntes zurückführen.
Zusätzlich sind Memory- und Dominospiele mit Analogieaufgaben aus dem Zahlenraum bis 20 sehr empfehlenswert, die den Kindern spielerisch einen intensiven Umgang mit diesen „verwandten Aufgaben" ermöglichen.
Die Ergänzungsaufgaben werden als solche hier nicht nochmals thematisiert, sondern die bereits bekannten „Hilfsaufgaben" als Lösungshilfen angewandt.

Weitere Anregungen und Besprechungspunkte für das Plenum sind:

- möglichst oft mit konkretem Material die verwandten Aufgaben legen,
- besprechen und die Kinder in Umgangssprache beschreiben lassen, warum diese Aufgaben verwandt sind („Die Aufgaben sind fast gleich, nur ist bei einer noch ein Zehner dabei."),
- „Hilfsaufgaben" erkennen („Eine Hilfsaufgabe hilft beim Lösen, weil sie ganz ähnlich und einfacher ist.").

7.3 Beobachtungsbogen, Tests und Kopiervorlagen

Die folgenden Seiten können kopiert und individuell im Unterricht und als Hausaufgaben eingesetzt werden.

Beobachtungsbogen „Die Zahlen bis 20 / Verwandte Aufgaben“

Name: ______________________ *Datum:* ______________________

Zahlen bis 20

- ◯ kann die Anzahl einer Menge mit bis zu 20 Elementen benennen
- ◯ kann die Anzahl einer Menge mit bis zu 20 Elementen notieren
- ◯ kann zu einer Zahl bis 20 eine Menge mit entsprechend vielen Elementen darstellen
- ◯ kann Darstellung in Zehner-Einer-Struktur als Zählhilfe erkennen und nutzen
- ◯ kann die Anzahl einer Menge mit bis zu 20 Elementen ungefähr schätzen
- ◯ ______________________
- ◯ ______________________

Zahlreihen

- ◯ kann die Zahlreihe bis 20 vorwärts aufsagen/mit Kärtchen legen und fortsetzen
- ◯ kann die Zahlreihe bis 20 rückwärts aufsagen/mit Kärtchen legen und fortsetzen
- ◯ kann Zahlreihen mit Einerschritten vorwärts/rückwärts ergänzen
- ◯ kann Zahlreihen mit Zweierschritten/Dreierschritten vorwärts/rückwärts fortsetzen
- ◯ ______________________
- ◯ ______________________

Größer-Kleiner-Beziehung

- ◯ kann Größer-Kleiner-Beziehungen von Zahlen mit Hilfe von konkretem Material feststellen
- ◯ kann Größer-Kleiner-Beziehungen von Zahlen mit Hilfe von bildlichen Darstellungen feststellen
- ◯ kann Zahlen mit Hilfe von Veranschaulichungen der Größe nach ordnen
- ◯ kann Zahlen der Größe nach ordnen
- ◯ ______________________
- ◯ ______________________

Verdoppeln und Halbieren / Gerade und ungerade Zahlen

- ◯ kann Zahlen mit Hilfe von Anschauungsmaterial verdoppeln
- ◯ kann Zahlen mit Hilfe von Anschauungsmaterial halbieren
- ◯ kann Zahlen verdoppeln
- ◯ kann Zahlen halbieren
- ◯ kann gerade/ungerade Zahlen mit Hilfe von Anschauungsmaterial bestimmen
- ◯ kann gerade und ungerade Zahlen bestimmen
- ◯ kann seine „Bestimmung“ von „geraden Zahlen“/„ungeraden Zahlen“ begründen
- ◯ ______________________
- ◯ ______________________

Analogieaufgaben

- ◯ kann Analogieaufgaben erkennen/nutzen, wenn beide Aufgaben vorgegeben sind
- ◯ kann selbst die „einfache“ Aufgabe als Rechenhilfe finden
- ◯ kann Analogiebildung als Rechenhilfe beschreiben/begründen/anwenden
- ◯ ______________________
- ◯ ______________________

Test 4 a

Name: ______________________________ *Datum:* ____________________

1

(14) 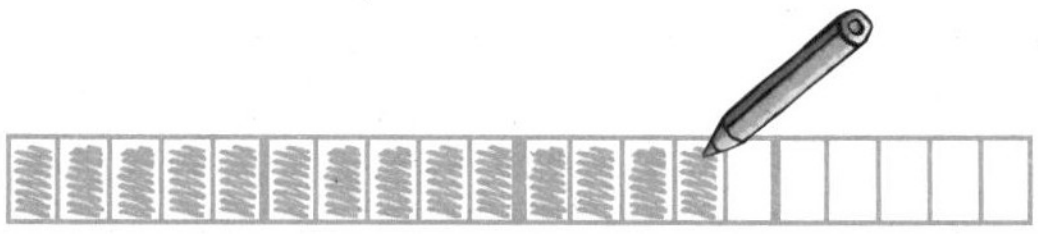

(11) 

(18) 

(16) 

(17) 

(10) 

2

 10 + 2 = 12

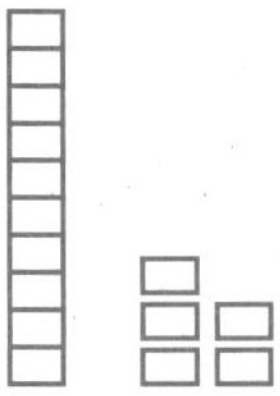 ☐ + ☐ = ☐

 ☐ + ☐ = ☐

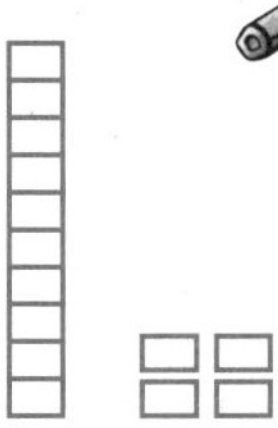 ☐ + ☐ = ☐

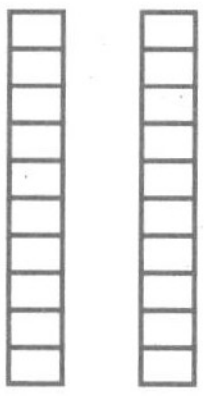 ☐ + ☐ = ☐

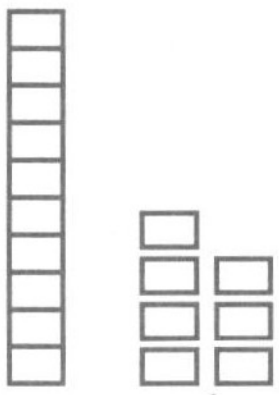 ☐ + ☐ = ☐

3

10	11				15				
	18			15					
2	4	6							

14		16	17		19	20		18
15		13		15			17	

Test 4 b

Name: ______________________ *Datum:* ______________

1

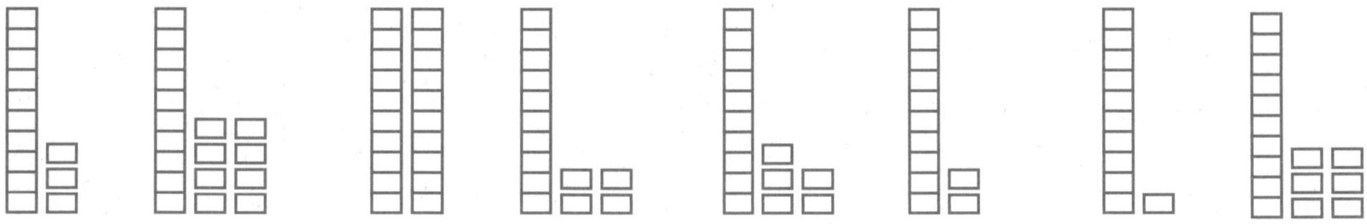

13 < 18   ☐ ◯ ☐   ☐ ◯ ☐   ☐ ◯ ☐

15 < 19   8 ◯ 12   17 ◯ 15   13 ◯ 18

19 ◯ 16   11 ◯ 15   14 ◯ 8   18 ◯ 16

2

12 < 14   ☐ > 13   ☐ > 13 > ☐

15 > ☐   ☐ < 18   ☐ < 15 < ☐

19 < ☐   ☐ < 11   16 < ☐ > 19

3

~~19~~   13   7   15   11   9   10   ~~17~~

19 > 17 > ☐ > ☐ > ☐ > ☐ > ☐ > ☐

~~7~~   12   16   10   20   ~~9~~   18   14

7 < 9 < ☐ < ☐ < ☐ < ☐ < ☐ < ☐

Test 4 c

Name: ______________________ *Datum:* ______________

1

Kinder	Handschuhe
3	6
4	
2	

Augen	Kinder
2	1
6	
8	

2

gerade Zahlen: ○ ungerade Zahlen: □

1	8	5	15	17	2	4
13	9	19	20	7	11	
3	6	12	18	10	16	14

Test 4 d

Name: ______________________ *Datum:* ______________________

1

4 + 3 = 7	2 + 6 =	1 + 4 =
14 + 3 = 17	12 + 6 =	11 + 4 =
9 − 7 =	5 − 2 =	7 − 4 =
19 − 7 =	15 − 2 =	17 − 4 =
3 + ☐ = 6	2 + ☐ = 8	4 + ☐ = 7
13 + ☐ = 16	12 + ☐ = 18	14 + ☐ = 17
6 − ☐ = 2	5 − ☐ = 3	8 − ☐ = 4
16 − ☐ = 12	15 − ☐ = 13	18 − ☐ = 14

2

12 + 4 = 16	17 − 3 =	13 + ☐ = 16
14 + 5 =	19 − 2 =	15 + ☐ = 18
11 + 7 =	14 − 3 =	14 + ☐ = 19
13 + 6 =	18 − 4 =	16 − ☐ = 14
15 + 3 =	16 − 5 =	17 − ☐ = 12
17 + 2 =	17 − 2 =	18 − ☐ = 15

KV 27: Verdoppeln mit dem Spiegel

1 + 1 = 2

2 + 2 =

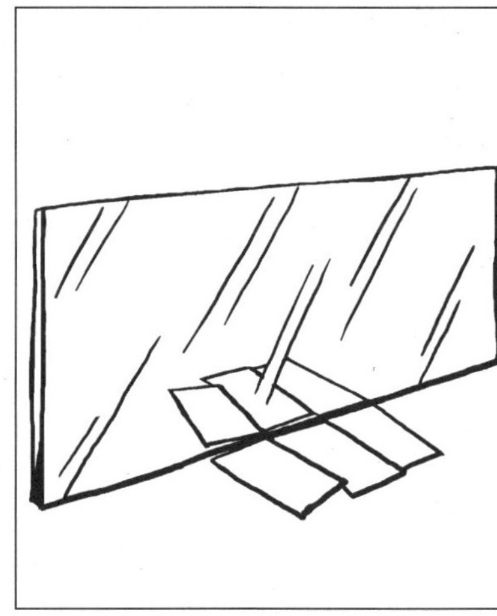

3 + 3 =

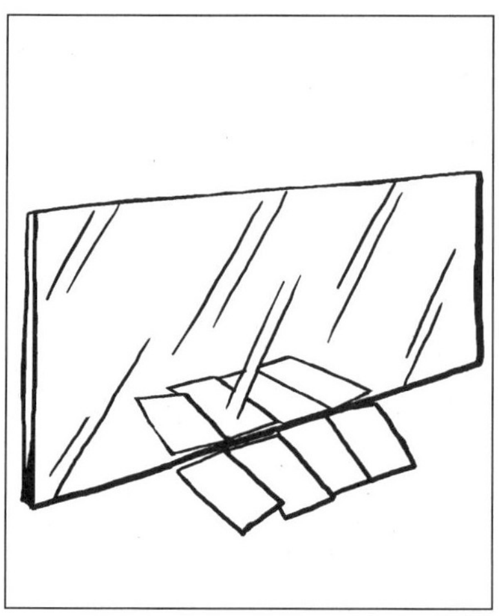

4 + 4 =

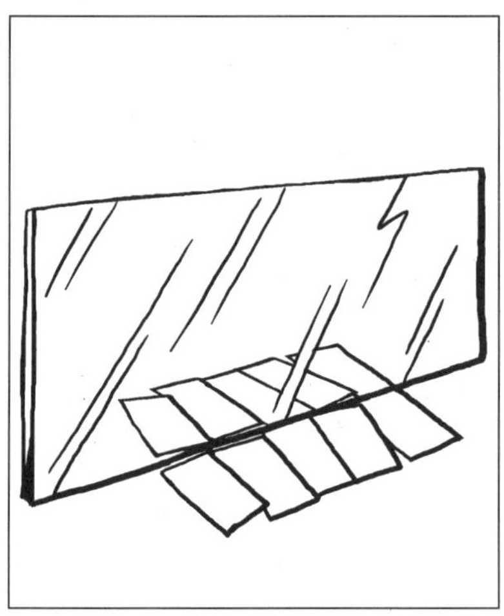

5 + 5 =

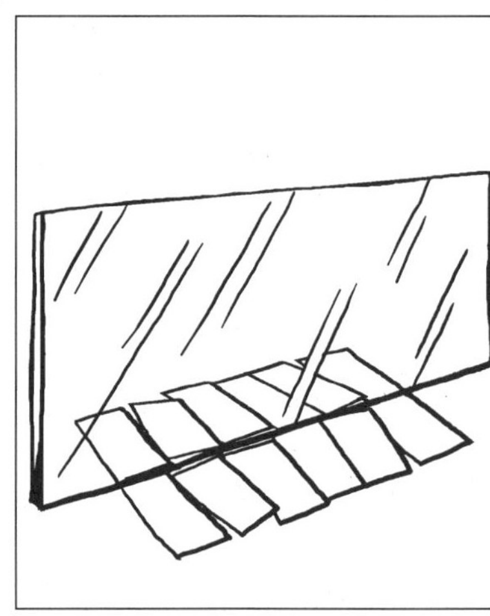

6 + 6 =

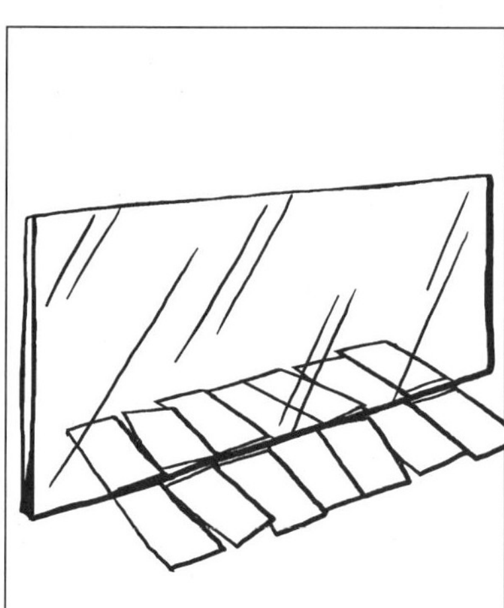

7 + 7 =

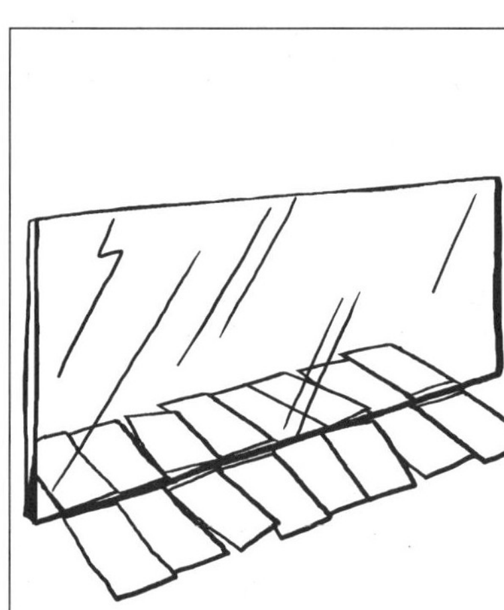

8 + 8 =

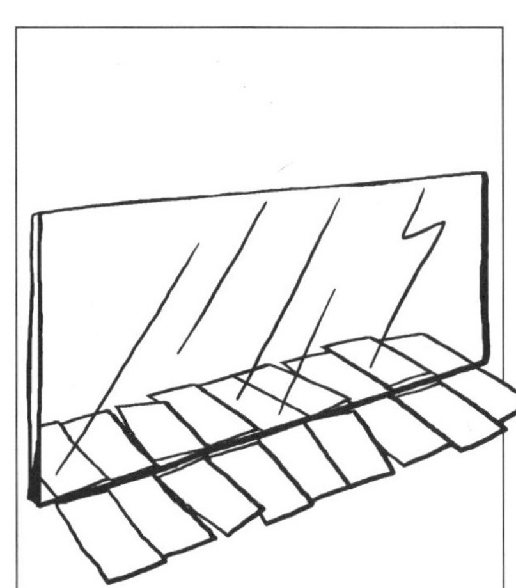

9 + 9 =

- Würfle mit zwei Würfeln.
- Bilde aus den Zahlen eine Plusaufgabe.
- Trage sie in die erste Reihe ein.
- Schreibe die passende verwandte Aufgabe dazu.

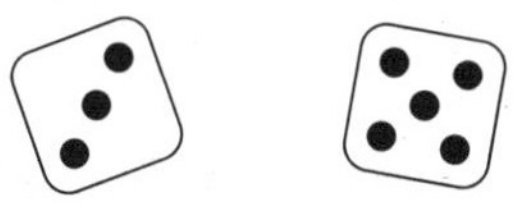

3 + 5 = 8	___ + ___ = ___
13 + 5 = 18	___ + ___ = ___
___ + ___ = ___	___ + ___ = ___
___ + ___ = ___	___ + ___ = ___
___ + ___ = ___	___ + ___ = ___
___ + ___ = ___	___ + ___ = ___
___ + ___ = ___	___ + ___ = ___
___ + ___ = ___	___ + ___ = ___
___ + ___ = ___	___ + ___ = ___
___ + ___ = ___	___ + ___ = ___

KV 29: Verwandte Aufgaben berechnen

2 + 4 = **6**	7 + 3 = □
12 + 4 = **16**	17 + 3 = □
3 + 6 = □	1 + 6 = □
13 + 6 = □	11 + 6 = □
4 + 5 = □	4 + 4 = □
14 + 5 = □	14 + 4 = □
1 + 3 = □	2 + 6 = □
11 + 3 = □	12 + 6 = □
9 − 6 = □	9 − 2 = □
19 − 6 = □	19 − 2 = □
7 − 4 = □	10 − 3 = □
17 − 4 = □	20 − 3 = □
8 − 3 = □	7 − 5 = □
18 − 3 = □	17 − 5 = □
6 − 2 = □	8 − 6 = □
16 − 2 = □	18 − 6 = □

KV 30: Mit verwandten Aufgaben rechnen

1

6 + 3 = 9	9 − 4 = __	4 + __ = 8
16 + 3 = 19	19 − 4 = __	14 + __ = 18
4 + 5 = __	7 − 3 = __	2 + __ = 8
14 + 5 = __	17 − 3 = __	12 + __ = 18
7 + 2 = __	8 − 5 = __	3 + __ = 7
17 + 2 = __	18 − 5 = __	13 + __ = 17

2

18 − 3	14	11 + 3	19
16 − 2	15	12 + 5	14
17 − 4	12	14 + 4	17
19 − 7	13	12 + 7	18

3

+	3	5	4	2	1
11	14				
13					
15					
12					
14					

−	2	3	6	5	4
18	16				
20					
17					
19					
16					

KV 31: Gerade und ungerade Zahlen erkennen

- Male alle Felder mit geraden Zahlen gelb aus.
- Male alle Felder mit ungeraden Zahlen rot aus.

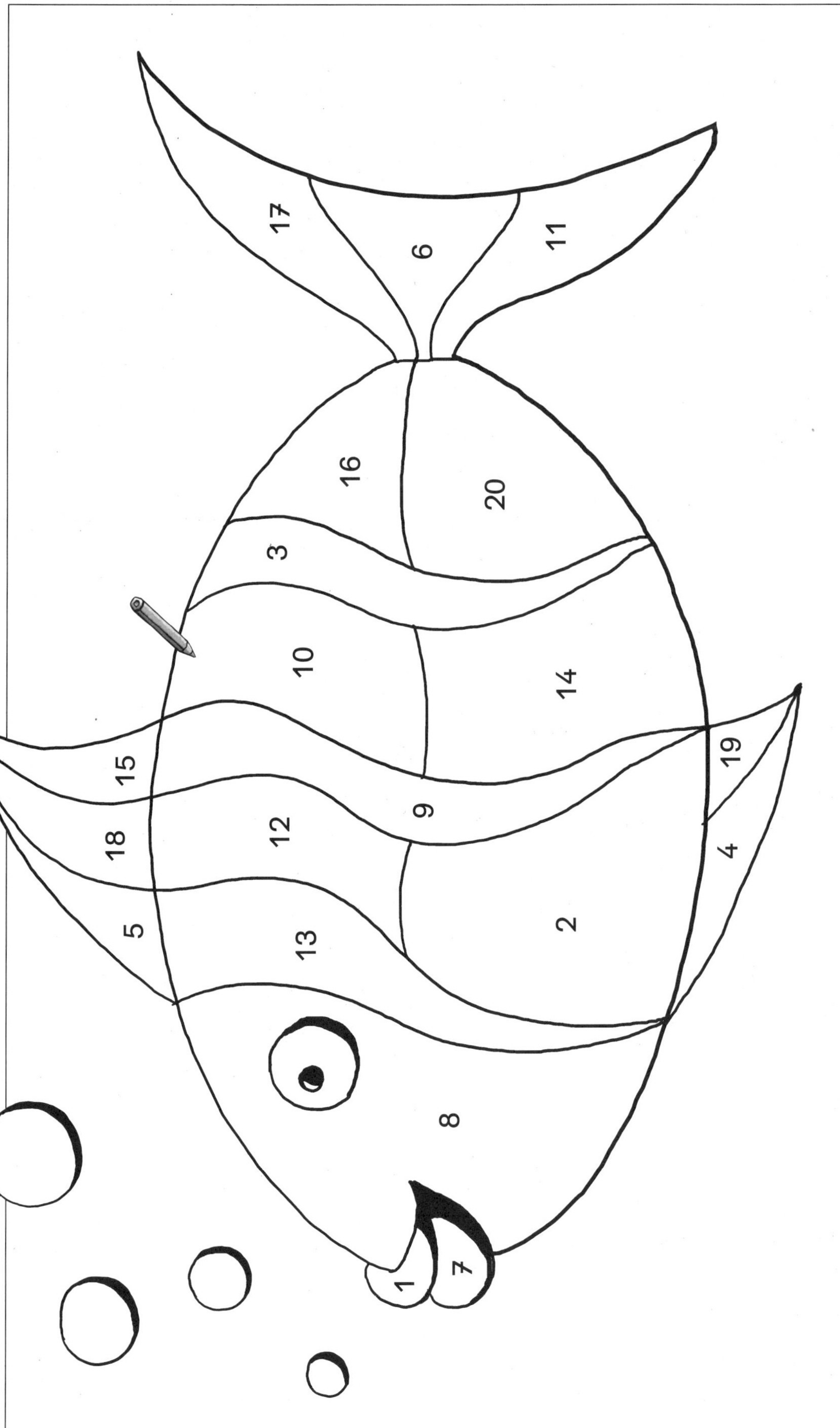

KV 32: Verwandte Aufgaben finden (Memory-Spiel)

- Klebe das Aufgabenblatt auf ein dickeres Papier auf.
- Schneide die Aufgabenkärtchen aus.
- Suche dir einen Partner.
- Spielt zusammen Memory.
  Verwandte Aufgaben sind ein Paar: 2+4=6 12+4=16.

2+2=4	14+3=17	13+5=18	16+4=20
13+2=15	18+2=20	3+2=5	5+2=7
6+4=10	2+6=8	6+3=9	17+2=19
5+4=9	4+4=8	12+2=14	12+6=18
3+5=8	7+2=9	4+3=7	15+4=19
14+4=18	15+2=17	8+2=10	16+3=19

KV 34: Wochenübungsblatt 2
Rechnen mit Zehnern und Einern

1

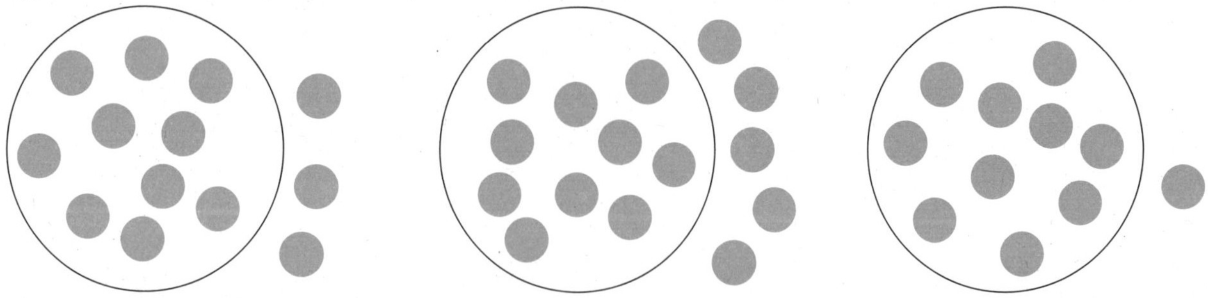

10 + 3 = 13 | ☐ + ☐ = ☐ | ☐ + ☐ = ☐

2

10 + 3 = 13

☐ + ☐ = ☐

☐ + ☐ = ☐

3

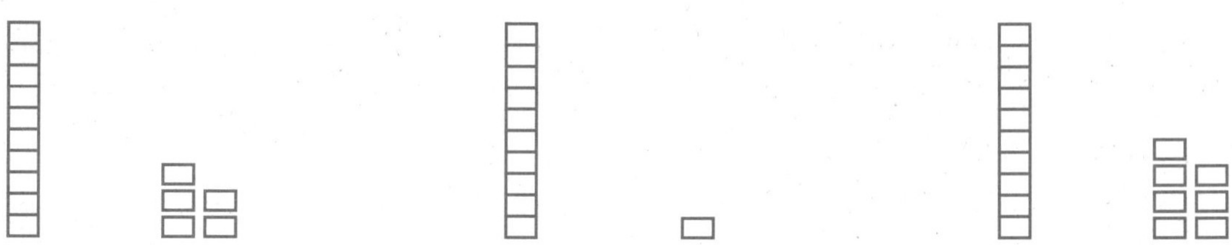

10 + 5 = 15 | ☐ + ☐ = ☐ | ☐ + ☐ = ☐

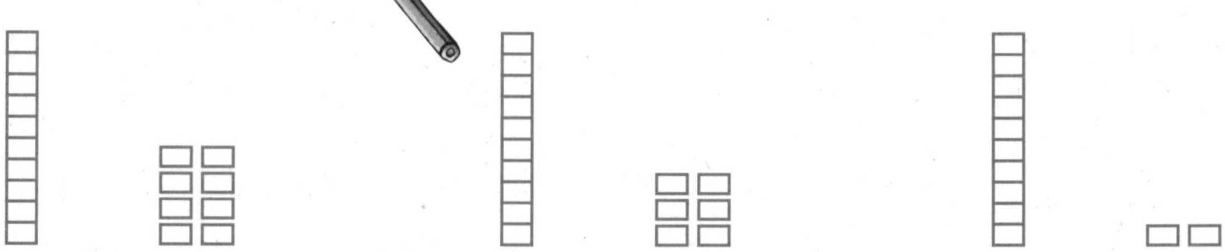

☐ + ☐ = ☐ | ☐ + ☐ = ☐ | ☐ + ☐ = ☐

4

10 + 4 = 14 | 10 + 8 = ☐ | 10 + 2 = ☐

8 Themenheft 5: Rechnen bis 20

8.1 Allgemeine Hinweise, Ziele und Begründungen

Es ist uns wichtig, dass trotz der intensiven Vorarbeit die Kinder auch jetzt nicht nur formal rechnen, sondern immer eine konkrete Vorstellung von dem haben und sich bewusst machen, was sie gerade beim Umgang mit Zahlen und Rechenzeichen rechnen.

Ziel ist, dass die Kinder:

- *Hilfen für das Rechnen bis 20 wiederholen und anwenden.*
- *zusätzliche Hilfen im Zahlenraum bis 20 kennen lernen (Zahlenstrahl).*
- *die Befähigung erhalten, mit beliebigen Hilfsmitteln alle Aufgaben zu lösen.*
- *zunehmend Sicherheit erhalten und das Rechnen bis 20 automatisieren.*

Zahlenstrahl, Nachbaraufgaben, Tauschaufgaben usw. sind in diesem Zusammenhang kein Inhalt für sich, sondern sollen den Kindern individuelle Hilfen beim Berechnen von Aufgaben anbieten. Daher ist es sehr wichtig, zumindest in Kleingruppen oder auch im Plenum, die individuell passenden Hilfsmittel anzusprechen und begründen zu lassen. Sie sollten keinesfalls bewertet werden, zumal dann der individuelle geäußerte „Vorteil" ja ggf. wieder von außen abgeschwächt wird.

Der Zahlenstrahl für die Zahlen bis 20 ist neu und visualisiert den Vorgang der Rechenoperationen. Er soll den Kindern vor allem auch als ein Hilfsmittel angeboten und nicht für alle zum Pflichtinhalt erhoben werden, weil er dann unter Umständen für manche Kinder keine Hilfe, sondern eine zusätzliche Belastung darstellt.

Tauschaufgaben sind wieder an die Vorstellung gekoppelt, dass dieselbe Aufgabe von zwei Seiten betrachtet wird (um den Tisch herumgehen).

Wir verwenden ab diesem Themenheft auch verbale Aufgabenstellungen neben den bisher üblichen nonverbalen. Kinder können und wollen nun schon einfache Sätze und Anregungen lesen.

8.2 Ziele, Anregungen und Hinweise zu den einzelnen Themen

Rechenaufgaben mit Hilfe von Bildern lösen

Ziel ist, dass die Kinder:

- *bereits bekannte bildliche Hilfen wiedererkennen und mit ihnen auch im erweiterten Zahlenraum eigene „Hilfssysteme" beim Berechnen aufbauen.*
- *durch die Anwendung von bereits bekannten Hilfen Sicherheit gewinnen.*

Eine weitere Anregung und ein Besprechungspunkt für das Plenum ist:

- Wenn die Kinder selbst Minusaufgaben mit Punktebildern zeichnen, verwenden einige die Fünferstruktur, andere die Zehnerstruktur und manche Kinder zeichnen zunächst ohne Strukturierung. Genauso verhält es sich beim Durchstreichen: Einige Kinder beginnen vorne, andere streichen von rechts beginnend aus. Diese Unterschiede sollen die Kinder mit in das Plenum als Zeichnungen einbringen, dort begründen, besprechen sowie Vorzüge und Nachteile erfahren. Wir haben auf den entsprechenden Seiten des Themenheftes in der Regel die Fünferstruktur bei der Ausgangszahl verwendet und von rechts abgestrichen. So bleibt das Ergebnis mit Fünferstruktur erhalten.

Der Zahlenstrahl als weiteres Anschauungs- und Hilfsmittel

Ziel ist, dass die Kinder:

- *den Zahlenstrahl als lineare Darstellung eines bestimmten Zahlenraums erkennen.*
- *die Addition am Zahlenstrahl als Vorwärtsgehen / Vorwärtshüpfen durchführen und beschreiben.*
- *die Subtraktion am Zahlenstrahl als Rückwärtsgehen / Rückwärtshüpfen durchführen und beschreiben.*
- *an einem Bild das Vorwärtsgehen oder Rückwärtsgehen eindeutig beschreiben und erkennen.*

Es ist wichtig und notwendig, dass im Klassenzimmer ein Zahlenstrahl irgendwo auf dem Boden aufgeklebt ist, den Kinder konkret handelnd (Schritte machen) als Hilfsmittel und Vorstellung nutzen können. Zusätzlich kann für jedes Kind nach vorherigem Wunsch auf den einzelnen Tischen ein Zahlenstrahl aufgeklebt werden, an dem es Aufgaben sichtbar machen und entsprechend lösen kann.

Weitere Anregungen und Besprechungspunkte für das Plenum sind:

- Die Unterschiede von Vorwärts- und Rückwärtsgehen sollten von den Kindern bewusst erkannt werden. (Rückwärts gehende Kinder schauen zurück. Der Schritt ist in der Regel unsicherer usw.)
- Es sollte auf jeden Fall vermieden werden, dass Kinder auf dem Zahlenstrahl in rückwärtiger Richtung gehen, jedoch vorwärts gehend. Dies sind dann nämlich später Handlungen, die den mathematischen Term, z. B. 14 – (+5), beschreiben.
- Die Umkehrung der Handlung (Vorwärtsgehen und Rückwärtsgehen) sollte möglichst oft durchgeführt werden, weil dies die „Umkehraufgabe" vorbereitet.

Rechenhilfen erkennen und nutzen

Ziel ist, dass die Kinder:

- *durch Wechseln der Perspektive Tauschaufgaben erkennen und bilden.*
- *sich bereits sicher beherrschter Aufgaben bewusst sind.*
- *über sicher beherrschte Aufgaben und deren Lösungen die Lösungen von Nachbaraufgaben ableiten.*

Es geht um Tauschaufgaben, die die Kinder nach dem Legen oder Zeichnen durch einfachen Platzwechsel auf die Gegenseite des Tisches erkennen und finden können.

Nachbaraufgaben sollten unbedingt auch gemeinsam angesprochen werden. Die Kinder können sagen, welche Aufgaben sie besonders gut bereits auswendig wissen und mit ihrer Hilfe selbstverständlich auch die jeweilige Nachbaraufgabe leicht lösen können.

Dasselbe gilt bei der Addition auch für die Umkehraufgaben. Die Kinder sollen unter Betrachtung des Rechenwegs selbst erfahren, welche Aufgaben ihnen „liegen" und geläufig sind (z. B. „Ich rechne viel lieber 8 + 5 = 13 statt 5 + 8 = 13."). Es ist dabei absolut in Ordnung und sogar gewünscht, wenn die Kinder die Handlungsebene und bildliche Ebene heranziehen.

Weitere Anregungen und Besprechungspunkte für das Plenum sind:

- Die Kinder begründen, wann für sie die Tauschaufgabe eine Rechenhilfe darstellt. (Meist ist es dann der Fall, wenn zu einer recht kleinen Zahl eine relativ große addiert wird.) Kinder haben hier jedoch oft ganz unterschiedliche Begründungen, die alle richtig sind und auch gewürdigt werden sollten.
- Den besonderen Stellenwert der Nachbaraufgabe von + 9 (ergibt + 10) sollten die Kinder erfahren (im Plenum fragwürdig machen, z. B. „Gibt es besondere Nachbaraufgaben, die man sehr gerne benutzt?").
- Die Begründung für die Verwendung der Umkehraufgabe ergibt sich vor allem bei Kindern, die im Plusbereich bereits sehr sicher sind und sich darüber im Minusbereich weiterhelfen. Wenn die Kinder die Verwendung von Umkehraufgaben begründen können, ergeben sich diese Aussagen.

Rechnen bis 20 üben

Ziel ist, dass die Kinder über vielfältige Übungen Aufgaben im Zahlenraum bis 20 automatisieren.

Nun werden die Aufgaben in vielfältigen „Verpackungen" angeboten, um zum Üben zu motivieren, das Üben zu unterstützen und zur Ausdauer anzuregen. Es soll so lange geübt werden, bis bei den Kindern eine bestimmte Sicherheit erreicht ist.

In den Beilagen von Einstern sind zusätzlich Rechenkärtchen mit Lösungen auf den Rückseiten angeboten, um manchen Kindern auf diesem Wege das schlichte Auswendiglernen zu ermöglichen. (Bisher wurden ganz viele Aufgaben zum Verständnis angeboten. Es ist nun auch rein formales Auswendiglernen „legitim" und für manche Kinder auch förderlich.)

Die Übungsaufgaben erhalten keine Pflichtaufgaben mehr, da es nicht mehr um ein Grundverständnis geht. Die Kinder sollen frei ihre Übungsformen wählen, jedoch am Ende auch die entsprechenden Kompetenzen nachweisen.

Es ist absolut normal, dass einzelne Kinder in diesem Stadium bereits formal und automatisiert mit den Aufgaben umgehen, andere Kinder beim Lösen noch Hilfsmittel wie Punktebilder, Finger usw. benutzen.

Weitere Anregungen und Besprechungspunkte für das Plenum sind:

Alle bereits für die einzelnen Themen beschriebenen Möglichkeiten, können auch hier genutzt werden.

8.3 Beobachtungsbogen, Tests und Kopiervorlagen

Die folgenden Seiten können kopiert und individuell im Unterricht und als Hausaufgaben eingesetzt werden.

Beobachtungsbogen „Rechnen bis 20“

Name: ______________________ *Datum:* ______________

Rechenbilder

- ◯ kann verschiedene Rechenbilder in Rechenaufgaben umsetzen
- ◯ kann zur Aufgabe selbst Rechenbilder zeichnen
- ◯ kann selbstständig Rechenbilder als Rechenhilfe benutzen
- ◯ ______________________
- ◯ ______________________

Tausch-, Nachbar- und Umkehraufgaben

- ◯ kann zu vorgegebenen Aufgaben Tauschaufgaben nennen
- ◯ kann Tauschaufgaben als Rechengesetz erklären
- ◯ kann die Bildung von Tauschaufgaben als Rechenhilfe erkennen und anwenden
- ◯ kann zu vorgegebenen Plusaufgaben Nachbaraufgaben finden
- ◯ kann zu vorgegebenen Minusaufgaben Nachbaraufgaben finden
- ◯ kann das Prinzip von Nachbaraufgaben erkennen und verbal bei Plusaufgaben beschreiben
- ◯ kann das Prinzip von Nachbaraufgaben erkennen und verbal bei Minusaufgaben beschreiben
- ◯ kann die Bildung von Nachbaraufgaben als Rechenhilfe erkennen und anwenden
- ◯ kann zu vorgegebenen Plusaufgaben die Umkehraufgaben bilden
- ◯ kann zu vorgegebenen Minusaufgaben die Umkehraufgaben bilden
- ◯ kann die Bildung von Umkehraufgaben als mögliche Rechenhilfe erkennen und beschreiben
- ◯ kann die Bildung von Umkehraufgaben als Kontrollmöglichkeit erkennen/verstehen/anwenden
- ◯ ______________________
- ◯ ______________________

Rechnen bis 20 – Plusaufgaben

- ◯ benutzt die Finger als Anschauungshilfe
- ◯ benutzt bildliche Darstellungen als Rechenhilfe
- ◯ benutzt die Bildung von Nachbaraufgaben als Rechenhilfe
- ◯ benutzt die Bildung von Umkehraufgaben als Rechenhilfe
- ◯ benutzt die Bildung von Tauschaufgaben als Rechenhilfe
- ◯ rechnet ohne Hilfsmittel
- ◯ ______________________
- ◯ ______________________

Rechnen bis 20 – Minusaufgaben

- ◯ benutzt die Finger als Anschauungshilfe
- ◯ benutzt bildliche Darstellungen als Rechenhilfe
- ◯ benutzt die Bildung von Nachbaraufgaben als Rechenhilfe
- ◯ benutzt die Bildung von Umkehraufgaben als Rechenhilfe
- ◯ benutzt die Bildung von Tauschaufgaben als Rechenhilfe
- ◯ rechnet ohne Hilfsmittel
- ◯ ______________________
- ◯ ______________________

Test 5 a

Name: ______________________ Datum: ______________

1 Schreibe zu den Bildern Rechenaufgaben.

8 + 5 = 13

☐ ○ ☐ = ☐

☐ ○ ☐ = ☐

☐ ○ ☐ = ☐

☐ ○ ☐ = ☐

2 Lies die Rechenaufgaben ab und schreibe sie auf.

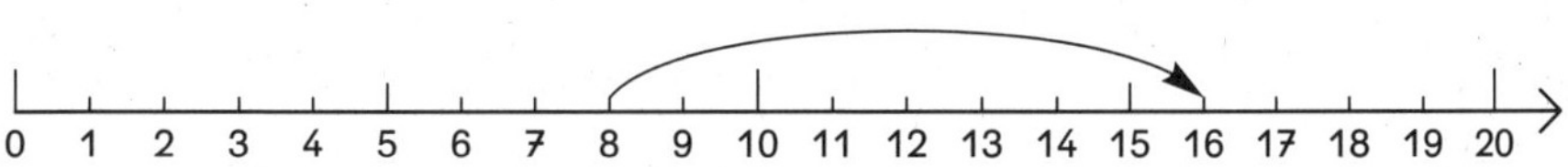

8 + 8 = 16

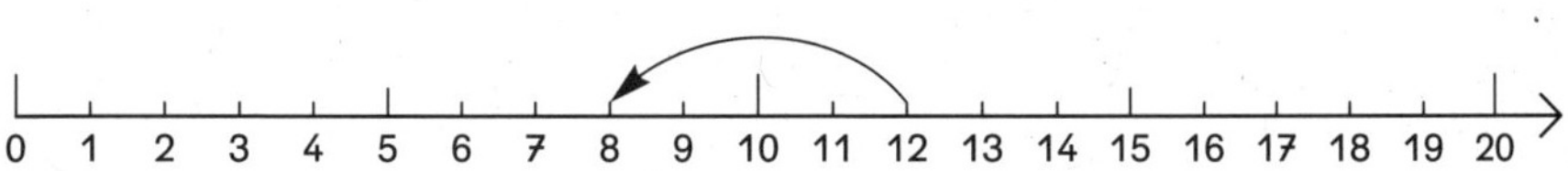

☐ ○ ☐ = ☐

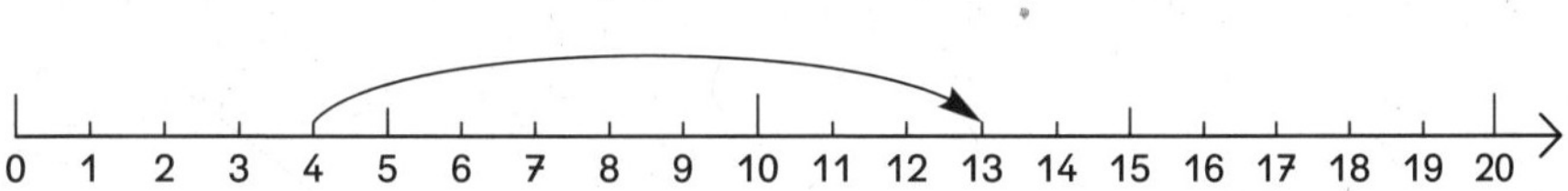

☐ ○ ☐ = ☐

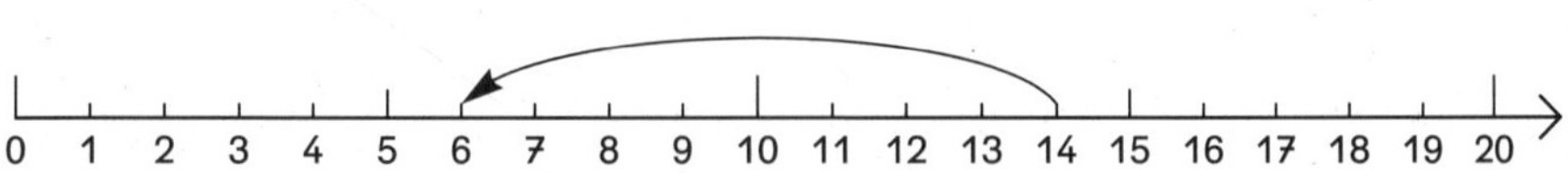

☐ ○ ☐ = ☐

3 Zeichne die Rechenaufgaben am Zahlenstrahl ein und löse sie.

7 + 7 = 14

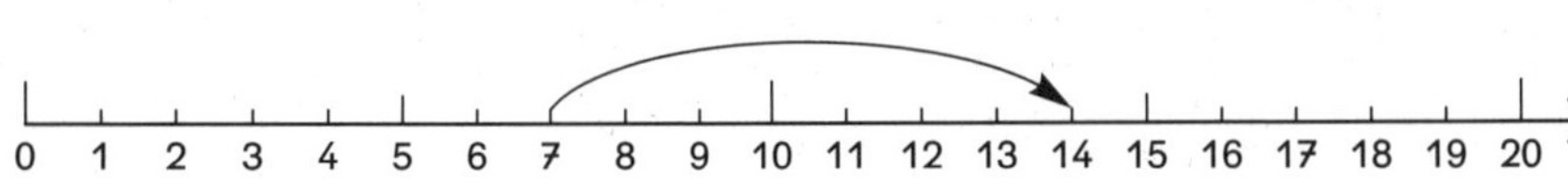

13 − 6 = ☐

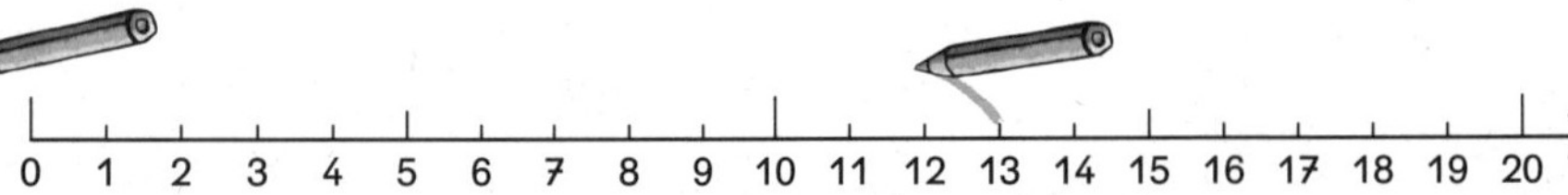

15 − 8 = ☐

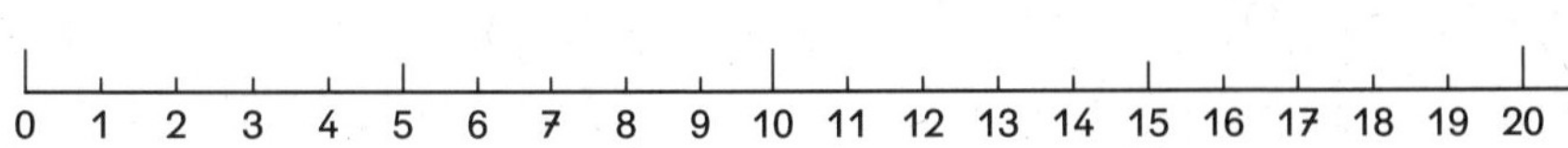

5 + 8 = ☐

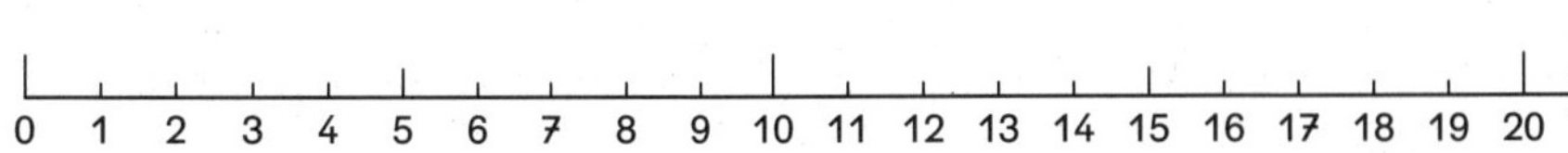

Test 5 b

Name: ______________________ *Datum:* ______________

1 Schreibe zu jedem Bild 2 Rechenaufgaben auf.

○○●●● ●●●●● ●

2 + 9 = 11

9 + ☐ = ☐

○○○●● ●●●●● ●

☐ + ☐ = ☐

☐ + ☐ = ☐

○○○○○ ○○●●● ●

☐ + ☐ = ☐

☐ + ☐ = ☐

○○○○○ ●●●●● ●

☐ + ☐ = ☐

☐ + ☐ = ☐

2 Löse die beiden Nachbaraufgaben.

5 + 4 = 9	8 + 7 = ☐	7 + 5 = ☐
5 + 5 = 10	8 + 8 = 16	7 + 6 = 13
5 + 6 = 11	8 + 9 = ☐	7 + 7 = ☐
15 − 6 = ☐	11 − 4 = ☐	13 − 5 = ☐
15 − 7 = 8	11 − 5 = 6	13 − 6 = 7
15 − 8 = ☐	11 − 6 = ☐	13 − 7 = ☐

3 Finde zu jeder Aufgabe eine Nachbaraufgabe.

6 + 8 = 14	7 + 6 = ☐	5 + 5 = ☐
6 + 9 = 15	☐ ○ ☐ = ☐	☐ ○ ☐ = ☐
12 − 5 = ☐	13 − 8 = ☐	14 − 6 = ☐
☐ ○ ☐ = ☐	☐ ○ ☐ = ☐	☐ ○ ☐ = ☐

Test 5 c

Name: ______________________ *Datum:* ______________________

1 Bilde aus 3 Zahlen 4 Aufgaben.

5 7 12	8 5 13	7 8 15
5 + 7 = 12	__ ○ __ = __	__ ○ __ = __
7 + 5 = 12	__ ○ __ = __	__ ○ __ = __
12 − 5 = 7	__ ○ __ = __	__ ○ __ = __
12 − 7 = 5	__ ○ __ = __	__ ○ __ = __

2 Rechne.

7 + 6 = 13	12 − 3 = __	6 + __ = 13
8 + 7 = __	16 − 8 = __	7 + __ = 11
5 + 7 = __	13 − 5 = __	13 − __ = 8
4 + 8 = __	14 − 8 = __	11 − __ = 5
9 + 6 = __	11 − 4 = __	__ + 6 = 12
6 + 8 = __	15 − 7 = __	__ − 4 = 9

3 Rechne.

3 + 7 + 4 = 14	12 − 6 − 2 = __
6 + 5 + 3 = __	18 − 4 − 6 = __
5 + 7 + 4 = __	20 − 5 − 5 = __
8 + 3 + 5 = __	16 − 4 − 5 = __

KV 35: Domino spielen

- Schneide die Dominokärtchen aus.
- Lege sie so aneinander, dass Aufgabe und Ergebnis passen.

	13 − 5	= 16 14 − 8	= 13 15 − 8	
= 12	12 − 3	= 14 20 − 10	= 4 8 + 6	
= 6	7 + 8	= 11 5 + 8	= 10 12 + 7	
= 19	18 − 16	= 5 12 + 8	= 3 9 + 9	
= 17	11 − 10	= 8 7 + 4	= 9 9 + 7	
= 7	6 + 6	= 15 12 − 7	= 20 11 − 7	
= 2	9 + 8	= 1 12 − 9	= 18	

KV 36: Rechenpuzzle legen

- Schneide die Kärtchen vom unteren Feld aus.
- Lege sie auf die passenden Aufgaben.
- Wenn du richtig gearbeitet hast, entsteht ein Tier.

8 + 8 =	14 − 6 =	12 − 5 =	5 + 7 =
16 − 7 =	9 + 9 =	17 − 6 =	7 + 7 =
20 − 10 =	9 + 8 =	14 − 8 =	12 + 8 =
18 − 3 =	12 + 7 =	13 − 10 =	8 + 5 =

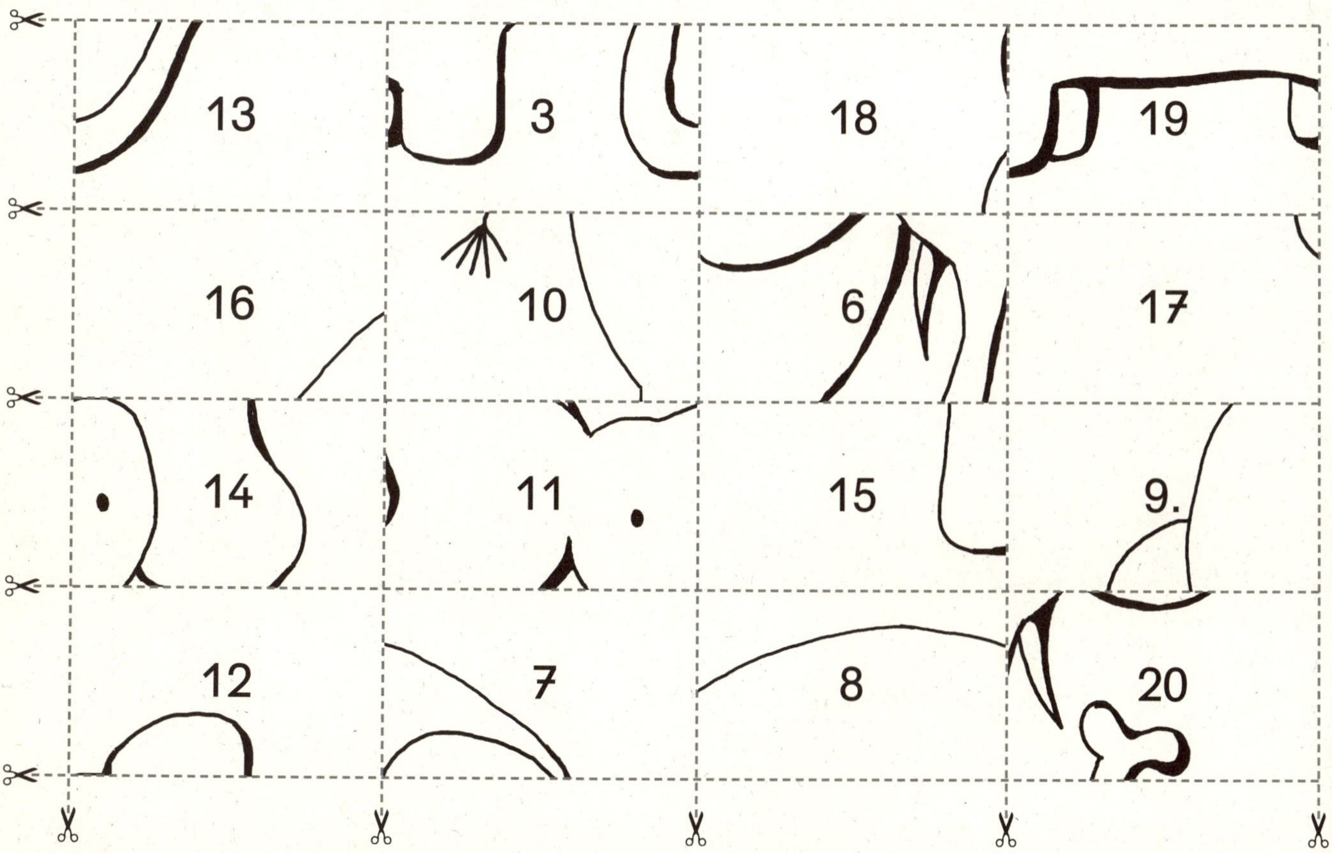

KV 37 a: Zahlenrallye spielen (Partnerspiel)

- Würfelt abwechselnd.
- Kommt ein Mitspieler auf ein dunkles Feld, muss er eine Aufgabenkarte ziehen und die Aufgabe lösen.
- Bei richtiger Lösung darf man bei der nächsten Runde weiterlaufen, bei falscher Lösung muss man 3 Felder zurück.
- Wer zuerst die Ziellinie durchläuft, ist Sieger.

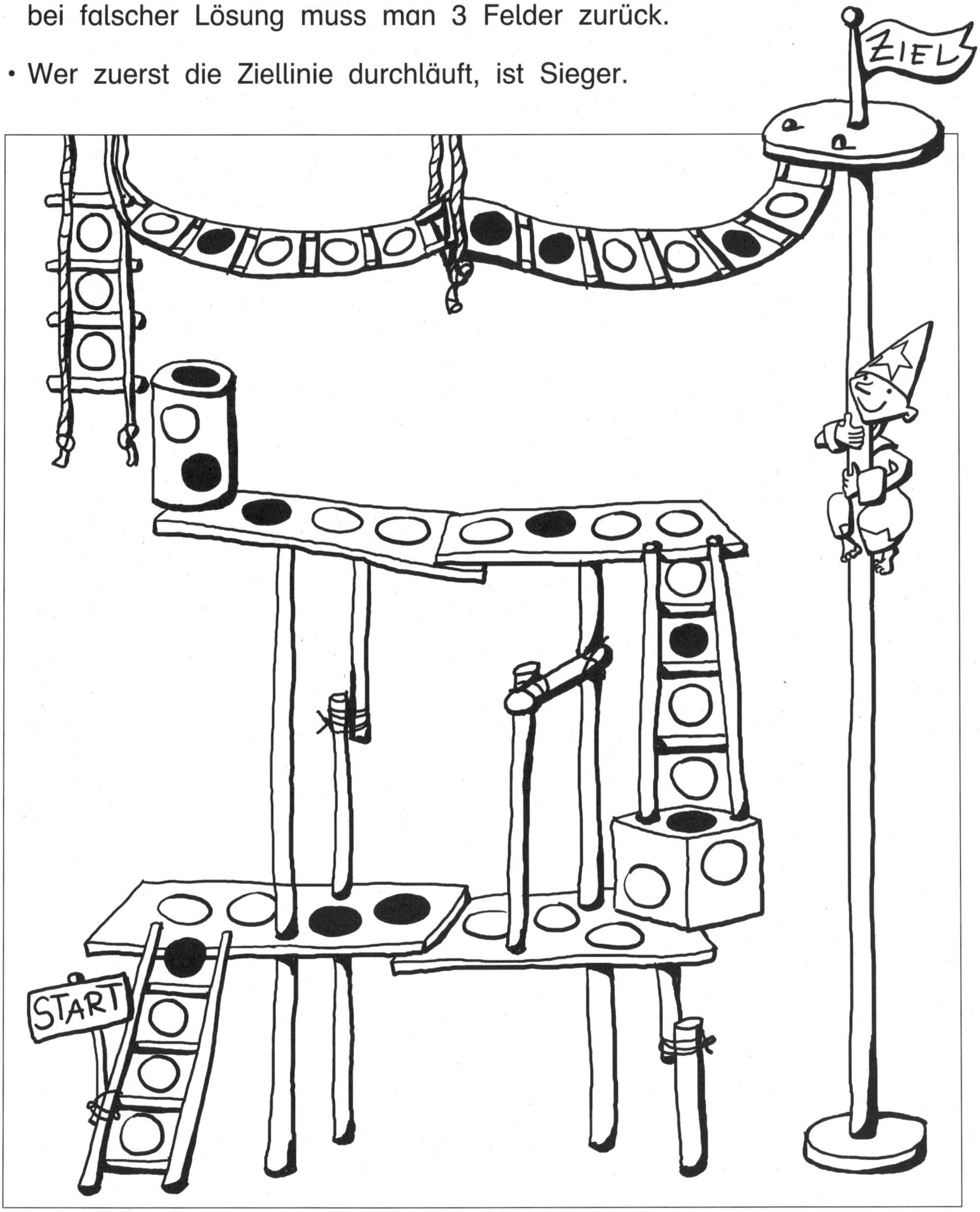

KV 37 b: Aufgabenkarten zur Zahlenrallye

16 − 8 = ▢	Was ist das Doppelte von 7?	Nenne die passende Rechenaufgabe. 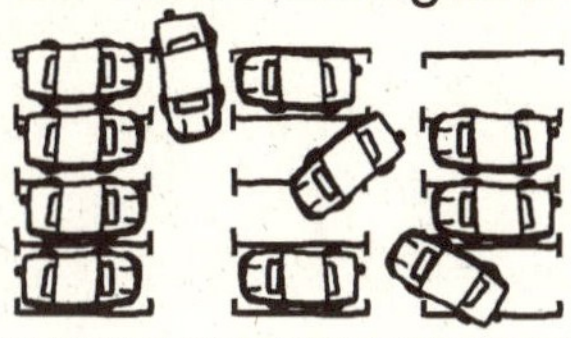	Nenne die Zahl, die um 4 kleiner ist als 19.
6 + 7 = ▢	Nenne die Rechenaufgabe zu diesem Bild. ○○○○○ ○●●●● ●●●	Nenne zu dieser Aufgabe eine Nachbaraufgabe. 7 + 5 = 12	$7 \xrightarrow{+5} 12$ Nenne die Umkehraufgabe.
Nenne die passende Rechenaufgabe. 	Nenne 2 Plus- und 2 Minusaufgaben zu den Zahlen. 8 6 14	Löse die Aufgabe und nenne die Tauschaufgabe. 8 + 7 = ▢	9 + 9 = ▢
13 − 6 = ▢	Nenne die Zahl, die um 3 größer ist als 15.	Nenne die Rechenaufgabe zu diesem Bild. ○○○○○ ○○○⊘⊘ ⊘	Was ist die Hälfte von 20?

• Hier könnt ihr euch selbst Aufgaben ausdenken.

KV 37 c: Aufgabenkarten zur Zahlenrallye

15	8 + 3 = 11	14	8
12 – 5 = 7	7 + 4 = 11 oder 7 + 6 = 13	6 + 7 = 13	13
18	15 Tauschaufgabe: 7 + 8 = 15	8 + 6 = 14 6 + 8 = 14 14 – 6 = 8 14 – 8 = 6	12 – 5 = 7
10	11 – 3 = 8	18	7

KV 39: Plus- und Minusaufgaben üben (Partneraufgabe)

- Suche dir einen Partner.
- Falte das Blatt an der dicken Linie.
- Stelle das gefaltete Aufgabenblatt mit der Öffnung nach unten zwischen euch.
- Lies die Aufgaben der Reihe nach vor und nenne das Ergebnis.
- Dein Partner kontrolliert.
- Tauscht die Rollen.

(12) 8	(11) 8	(10) 5	(9) 9
(8) 7	(7) 9	(6) 16	(5) 15
(4) 13	(3) 13	(2) 14	(1) 12
(1) 8 + 4 =	(2) 9 + 5 =	(3) 7 + 6 =	(4) 5 + 8 =
(5) 7 + 8 =	(6) 8 + 8 =	(7) 11 − 2 =	(8) 13 − 6 =
(9) 14 − 5 =	(10) 12 − 7 =	(11) 11 − 3 =	(12) 15 − 7 =

KV 40: Wochenübungsblatt 1
Plus- und Minusaufgaben üben

1 Rechne.

6 + 6 = 12	9 + 6 = ☐	5 + 7 = ☐
7 + 6 = ☐	4 + 9 = ☐	4 + 8 = ☐
8 + 7 = ☐	7 + 7 = ☐	9 + 7 = ☐
2 + 8 = ☐	9 + 9 = ☐	8 + 5 = ☐

2

18 − 9 = ☐	13 − 5 = ☐	12 − 4 = ☐
12 − 5 = ☐	12 − 3 = ☐	13 − 6 = ☐
13 − 3 = ☐	14 − 7 = ☐	11 − 5 = ☐
16 − 8 = ☐	16 − 6 = ☐	17 − 3 = ☐

3

7 + 4 = ☐	9 + 8 = ☐	4 + 7 = ☐
6 + 8 = ☐	4 + 6 = ☐	7 + 8 = ☐
13 − 4 = ☐	16 − 9 = ☐	12 − 7 = ☐
15 − 8 = ☐	10 − 3 = ☐	14 − 8 = ☐

KV 41: Wochenübungsblatt 2
Plus- und Minusaufgaben üben

1 Rechne.

4 + 7 = 11	12 − 7 = ☐	8 + ☐ = 13
8 + 8 = ☐	14 − 8 = ☐	6 + ☐ = 11
9 + 7 = ☐	13 − 5 = ☐	14 − ☐ = 9
2 + 9 = ☐	12 − 8 = ☐	11 − ☐ = 5

2

8 + 6 = ☐	13 − 7 = ☐	7 + ☐ = 15
9 + 9 = ☐	14 − 6 = ☐	4 + ☐ = 12
8 + 3 = ☐	11 − 6 = ☐	16 − ☐ = 8
6 + 9 = ☐	13 − 9 = ☐	13 − ☐ = 7

3

5 + 8 = ☐	17 − 8 = ☐	8 + ☐ = 17
8 + 4 = ☐	11 − 4 = ☐	3 + ☐ = 11
6 + 8 = ☐	14 − 5 = ☐	12 − ☐ = 6
9 + 8 = ☐	17 − 9 = ☐	15 − ☐ = 7

9 Themenheft 6: Geld und Zeit / Symmetrie

Dieses Themenheft beinhaltet drei voneinander getrennte Themengebiete. Den Kindern kann die Bearbeitung von einzelnen Themen zu unterschiedlichen Zeiten durchaus empfohlen werden. Selbstverständlich kann auch die Bearbeitung durch äußere Anlässe für alle Kinder angeregt werden (z. B. das Thema „Zeit“ im Zusammenhang mit der Umstellung auf die Sommerzeit im Frühjahr). Auch das Thema „Symmetrie“ ist fast überall einsetzbar und z. B. im Zusammenhang mit „Verdoppeln“ und „Halbieren“ anzuregen. Nach unserer Erfahrung wählen Kinder z. B. gerne das Thema „Geld“ aus, wenn sie alle Zahlen bis 20 kennen, den Zahlenraum aber rechnerisch noch nicht beherrschen.
Wir können Sie nur ermuntern, die Interessen von einzelnen Kindern wahrzunehmen, aufzunehmen und zu unterstützen, um dadurch auch bei anderen Kindern Interesse an diesen Themen und deren Bearbeitung zu wecken.

9.1 Größenbereich Geld

9.1.1 Allgemeine Hinweise, Ziele und Begründungen

Ziel ist, dass die Kinder:

- *Münzen und Scheine bis 20 Euro kennen und benennen.*
- *Geldwerte mit dem Zeichen € beschreiben.*
- *Geldwerte von mehreren Münzen und Scheinen ermitteln und notieren.*
- *gleiche Geldbeträge mit unterschiedlichen Münzen und Scheinen darstellen.*
- *Geldbeträge rechnerisch ermitteln.*
- *von einem bestimmten Betrag etwas „ausgeben“ und das Restgeld ermitteln.*
- *„Rückgeld“ in Einkaufssituationen beschreiben, erklären und bestimmen.*
- *mit einfachen Geldbeträgen einkaufen und verkaufen.*
- *Einkaufssituationen nennen und aufschreiben.*
- *die Abkürzungen für Euro (€) und Cent (ct) kennen.*

Der Umgang mit Spielgeld und Bezüge zum Taschengeld, Einkaufen, zu Preisen usw. stehen hier im Vordergrund.
Bei den Kindern sollte möglichst oft der aktive Umgang mit Spielgeld beim „Umwandeln“ (Legen von verschiedenen Möglichkeiten), bei der Restgeldbestimmung und der Bestimmung des Rückgelds angeregt werden, zumal häufig nur über vorheriges „Umwandeln“ in eine andere Münz- und/oder Scheinzusammenstellung eine Lösung auf handelnder Ebene möglich ist.

9.1.2 Ziele, Anregungen und Hinweise zu den einzelnen Themen

Bei dieser Thematik ist ein gemeinsamer Einstieg und sind gemeinsame Handlungen im Plenum durchaus denkbar und anzuraten. Dabei ist unerheblich, ob im Anschluss daran alle Kinder an dieser Thematik weiterarbeiten.

Scheine und Münzen kennen lernen

Ziel ist, dass die Kinder:

- *passende Vorder- und Rückseiten von Münzen und Scheinen erkennen und richtig zuordnen.*
- *den Wert von Münzen und Scheinen erkennen, benennen und notieren.*
- *die Abkürzungen € und ct kennen und richtig verwenden.*

Die Seiten im Themenheft erklären sich selbst. Wichtig ist, dass den Kindern Spielgeld als Muster und für vielfältige Partnerarbeit zur Verfügung steht.

Weitere Anregungen und Besprechungspunkte für das Plenum sind:

- zu einer Vorderseite einer Münze oder eines Scheines die passende Rückseite finden,
- sich gegenseitig Scheine und Münzen zeigen und benennen,
- den Wert nennen lassen und sagen, woran man ihn erkannt hat,
- usw.

Mit Geldbeträgen umgehen

Ziel ist, dass die Kinder:

- *einen mit verschiedenen Münzen und Scheinen gelegten Betrag ermitteln.*
- *einen vorgegebenen Betrag auf unterschiedliche Weise mit Münzen und Scheinen legen oder zeichnen.*
- *„Restgeld“ umgangssprachlich beschreiben und ermitteln.*
- *in Einkaufssituationen den Begriff „Rückgeld“ kennen lernen.*
- *in Einkaufssituationen das Rückgeld ermitteln.*

Weitere Anregungen und Besprechungspunkte für das Plenum sind:

- Die Kinder bringen Gegenstände oder Verpackungen mit, mit denen in der Klasse ein Kaufladen oder ein Flohmarkt eingerichtet wird. Im Gespräch werden Preise festgelegt und begründet sowie Gründe für Preisunterschiede genannt (Art, Alter, Gebrauchsfertigkeit, Ausführung, Größe usw.).
- „Falsche“ Preiszuordnungen sollen angesprochen und korrigiert werden.

- Die Kinder malen die Preisschilder selbst.
- Das Spielen von Einkaufssituationen ergibt im Gespräch die Begriffe „Gesamtpreis“, „Restgeld“ und „Rückgeld“.
- Kinder spielen eine Einkaufssituation vor, die dann von anderen beschrieben (erzählt) wird. Auch der umgekehrte Vorgang ist wünschenswert: erst erzählen, dann nachspielen. Damit ist bereits eine gute Grundlage für den Umgang mit Sachaufgaben und Rechengeschichten gelegt.
- Beim verschiedenartigen Legen von Geldbeträgen können die Kinder nochmals Strukturen von Zahlaufbau und Zahlzerlegung erkennen und festigen.
- Gespräche und Erkundungen über Preise von Gegenständen (z. B. Dinge für den Schulgebrauch, einfachere Spielsachen, Nahrungsmittel) schaffen ein Bewusstsein für die Preise von Alltagsgegenständen und können theoretisch täglich in einem Gesprächskreis erweitert werden.

9.1.3 Beobachtungsbogen, Tests und Kopiervorlagen

Die folgenden Seiten können kopiert und individuell im Unterricht und als Hausaufgaben eingesetzt werden.

Beobachtungsbogen „Größenbereich Geld“

Name: ______________________________ *Datum:* ______________________

Scheine und Münzen kennen

- ◯ erkennt passende Vorder- und Rückseiten von Münzen und Scheinen und kann deren Zuordnung begründen
- ◯ kann den Wert von Münzen und Scheinen ablesen
- ◯ erkennt den Geldwert der Münzen und Scheine auf den ersten Blick
- ◯ kann den Wert der Scheine und Münzen erkennen und schriftlich notieren
- ◯ ______________________________
- ◯ ______________________________

Mit Geldbeträgen umgehen

- ◯ kann von „einfachen“ Gegenständen aus dem Alltag realistische cirka-Preise schätzen und nennen
- ◯ ermittelt den Wert von zusammengesetzten Beträgen durch Zählen mit den Fingern
- ◯ ermittelt den Wert von zusammengesetzten Beträgen durch Abzählen
- ◯ ermittelt den Wert von zusammengesetzten Beträgen durch Addition
- ◯ kann den Wert von Beträgen ermitteln, die nur aus Euro-Münzen und -Scheinen zusammengesetzt sind
- ◯ kann den Wert von Beträgen ermitteln, die nur aus Cent-Münzen zusammengesetzt sind
- ◯ kann den Wert von Beiträgen ermitteln, die aus Euro- und Cent-Münzen zusammengesetzt sind
- ◯ kann einen Gesamtpreis mit anschaulichen Hilfen bestimmen (Preise legen/zeichnen)
- ◯ kann den Gesamtpreis rechnerisch ermitteln
- ◯ kann Geldwerte auf verschiedene Weise legen/zeichnen
- ◯ kann Geldwerte aus einer Tabelle entnehmen
- ◯ kann eine/verschiedene Zusammenstellung/en von Geldwerte in einer Tabelle darstellen
- ◯ kann Restgeld über konkrete Handlung/Zeichnung bestimmen
- ◯ kann Restgeld rechnerisch bestimmen
- ◯ kann Rückgeld als „Vorgang“ beim Einkaufen beschreiben
- ◯ kann Rückgeld durch Umwandlung des gegebenen Geldes handelnd/zeichnerisch bestimmen
- ◯ kann Rückgeld berechnen
- ◯ ______________________________
- ◯ ______________________________

Test 6 a (Geld)

Name: ______________________ *Datum:* ______________________

1 Schreibe zu den Scheinen und Münzen den Geldwert.

10 €

2 Zähle das Geld.

13 Euro

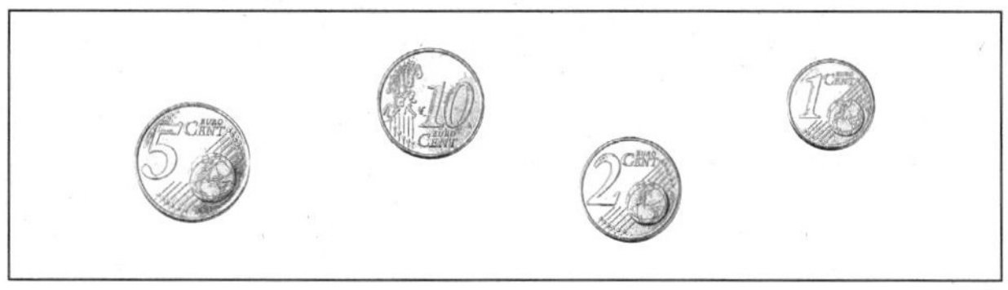

3 Zeichne, wie du bezahlen kannst.

15 Euro

18 Euro

10 Euro 15 Cent

12 Euro 24 Cent

Test 6 b (Geld)

Name: ______________________ *Datum:* ______________________

1 Zeichne 3 Möglichkeiten, wie du 12 Euro bezahlen kannst.

12 Euro	12 Euro	12 Euro

2 Berechne den Gesamtpreis.

kosten zusammen: ______

kosten zusammen: ______

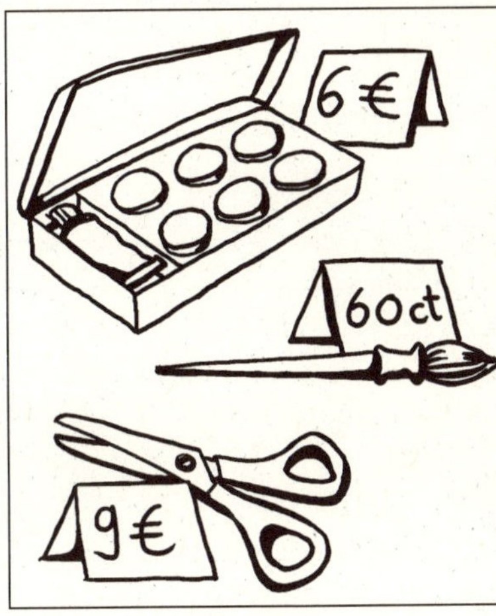

kosten zusammen: ______

3 Berechne das Rückgeld.

Ich kaufe	Ich gebe

zurück: ______

Ich kaufe	Ich gebe

zurück: ______

Ich kaufe	Ich gebe
	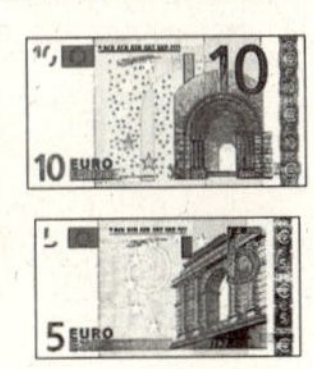

zurück: ______

1 Zähle das Geld in jedem Sparschwein.

8 Euro

2 Zeichne in jedes Sparschwein eine Möglichkeit.

10 Euro | 8 Euro | 13 Euro

14 Cent | 11 Euro 10 Cent | 15 Euro 18 Cent

KV 43: Wochenübungsblatt 1
Geldbeträge ermitteln und darstellen

1 Zähle das Geld.

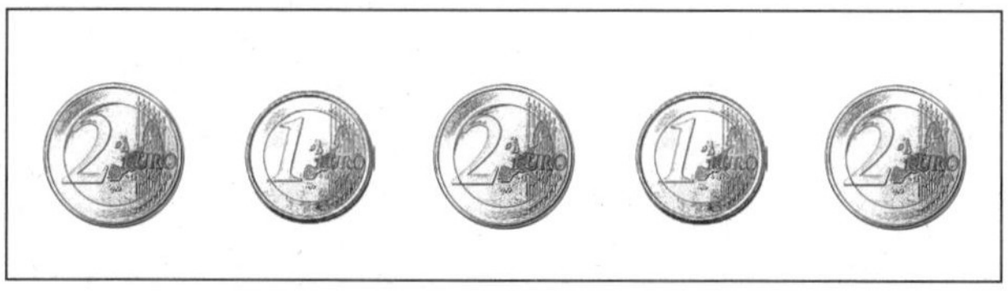

8 Euro

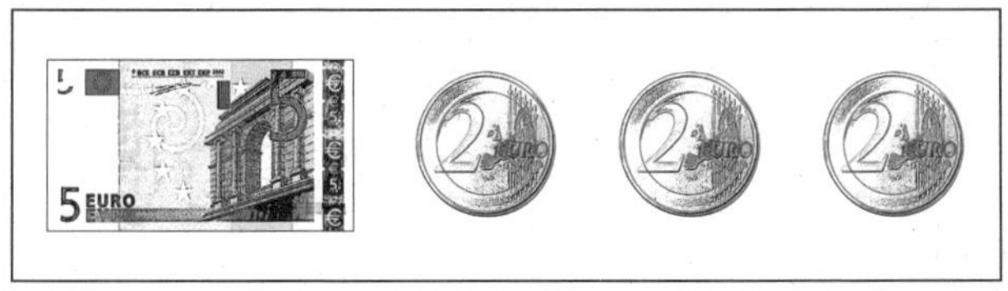

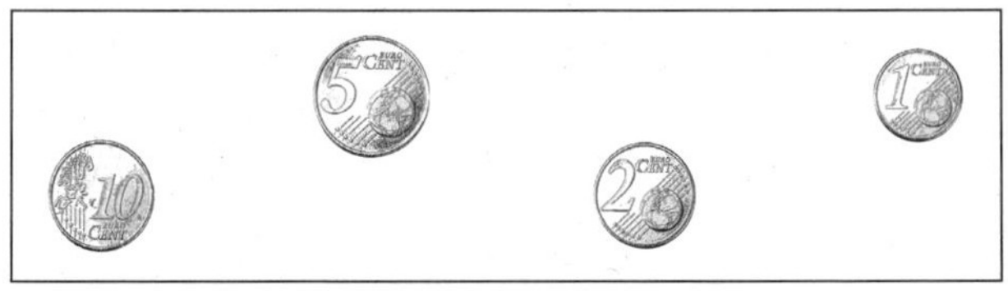

2 Zeichne 3 Möglichkeiten, wie es im Sparschwein aussehen kann.
Im Sparschwein sind 9 Euro.

Im Sparschwein sind 12 Euro.

KV 44: Wochenübungsblatt 2
Restgeld und Rückgeld ermitteln

1 Berechne, wie viel Geld du übrig hast.

Ich habe:	Ich kaufe:	Ich habe noch:
14 €		3 Euro
15 €		____ Euro
16 €		____ Euro
20 €	 	____ Euro

2 Berechne, wie viel Geld du zurück bekommst.

gegeben: 10 €
zurück: 2 €

gegeben: 15 €
zurück: ____

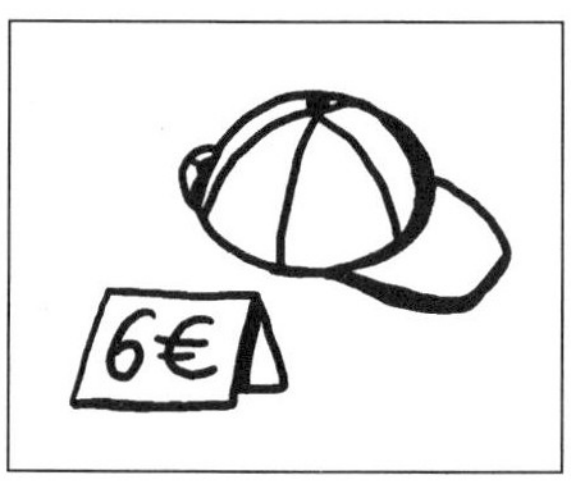

gegeben: 10 €
zurück: ____

gegeben: 20 €
zurück: ____

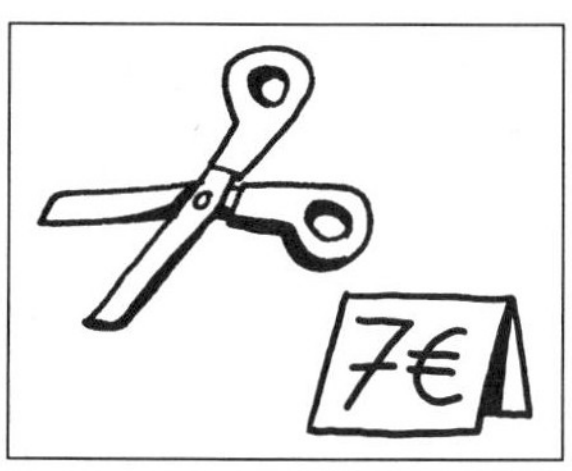

gegeben: 10 €
zurück: ____

gegeben: 20 €
zurück: ____

9.2 Größenbereich Zeit

9.2.1 Ziele, Anregungen und Hinweise zum Thema

Ziel ist, dass die Kinder:

- *ein Verständnis für die verbindliche Strukturierung eines Tagesablaufs entwickeln.*
- *unterschiedlichen Tages- und Nachtzeiten verschiedene eigene Tätigkeiten und Tätigkeiten anderer Menschen zuordnen und umgekehrt.*
- *die Uhr für beide Tageshälften beschriften und ablesen.*

Das vielfältige Hantieren und auch Ablesen mit einer Modelluhr steht im Mittelpunkt der ersten Phase. Dazu sollte sich jedes Kind zunächst eine Spieluhr mit Hilfe der Beilage herstellen, beschriften und die Teile sowie deren Funktion benennen.
Häufige „Erzählmöglichkeiten“, in denen die Kinder von ihren Tageszeiten und den entsprechenden Tätigkeiten berichten, bauen eine fundierte Vorstellung auf. Die Kinder sollten auch berichten können, welche Tätigkeiten (aus der Familie und dem beobachteten Umfeld) zu welchen Uhrzeiten passen. Dabei erfahren die Kinder, dass die Begriffe „Morgen“, „Vormittag“, „Mittag“, „Nachmittag“, „Abend“ und „Nacht“ personenabhängig und individuell benutzt werden.
In diesem Themenheft, das sich erstmalig mit der Uhr beschäftigt, verwenden wir nur Zeitangaben mit ganzen Stunden.

Weitere Anregungen und Besprechungspunkte für das Plenum sind:

- Es ist durchaus empfehlenswert, neben der Spieluhr auch noch „echte“ Uhren bereitzustellen.
- Es ist denkbar, auch eine Uhrensammlung aufzubauen. (Vorsicht wegen Wertgegenständen!)
- Kinder können Uhren aus Katalogen oder Zeitschriften ausschneiden und damit eine Collage fertigen.
- Um den Tagesablauf linear darzustellen, kann durchaus auch eine „Uhr“ in Streifenform hergestellt werden: 1 Uhr – 2 Uhr – 3 Uhr – 4 Uhr – … – 24 Uhr. So können Bilder von Tätigkeiten den 24 Stunden gut zugeordnet werden.
  Eine zweite Uhr in Streifenform stellt dann den nächsten Tag dar, eine dritte wieder den nächsten usw.
  Auf diese Weise lässt sich im Zimmer auch die unterschiedliche „Lebensstruktur“ einer Woche im Zusammenhang mit der Zeitgestaltung darstellen, ohne zugleich auf alle anderen Inhalte eingehen zu müssen.
- Die Zusammenarbeit mit Fächerverbünden mit sachkundlichen Themen und mit Deutsch ist sehr zu begrüßen und anzuraten.

9.2.2 Beobachtungsbogen, Test und Kopiervorlagen

Die folgenden Seiten können kopiert und individuell im Unterricht und als Hausaufgaben eingesetzt werden.

Test 6 c (Zeit)

Name: ____________________ *Datum:* ____________

1 Lies die Uhrzeit für die erste Tageshälfte ab.

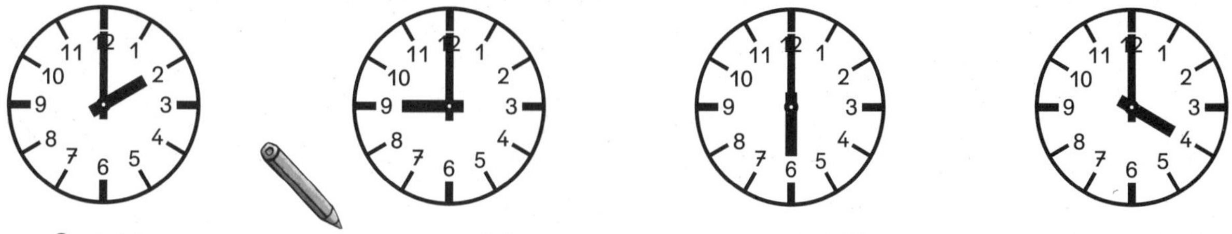

2 Uhr | ___ Uhr | ___ Uhr | ___ Uhr

2 Lies die Uhrzeit für die zweite Tageshälfte ab.

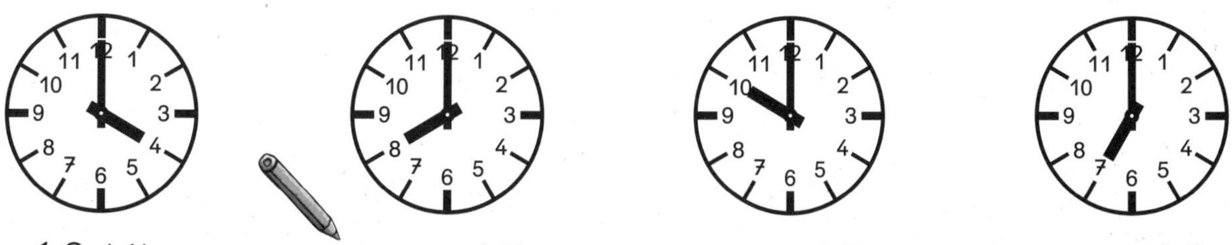

16 Uhr | ___ Uhr | ___ Uhr | ___ Uhr

3 Zeichne die Zeiger passend ein.

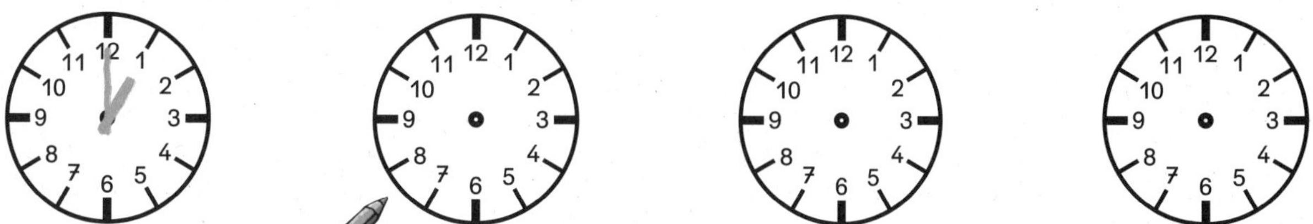

13 Uhr | 17 Uhr | 21 Uhr | 7 Uhr

4 Kreuze die passende Tageszeit an.

10 Uhr 

- ☐ Morgen ☒ Vormittag ☐ Mittag
- ☐ Nachmittag ☐ Abend ☐ Nacht

15 Uhr 

- ☐ Morgen ☐ Vormittag ☐ Mittag
- ☐ Nachmittag ☐ Abend ☐ Nacht

20 Uhr 

- ☐ Morgen ☐ Vormittag ☐ Mittag
- ☐ Nachmittag ☐ Abend ☐ Nacht

1 Uhr 

- ☐ Morgen ☐ Vormittag ☐ Mittag
- ☐ Nachmittag ☐ Abend ☐ Nacht

KV 45: Uhr für beide Tageshälften beschriften

• Trage die Stundenzahlen für beide Tageshälften ein.

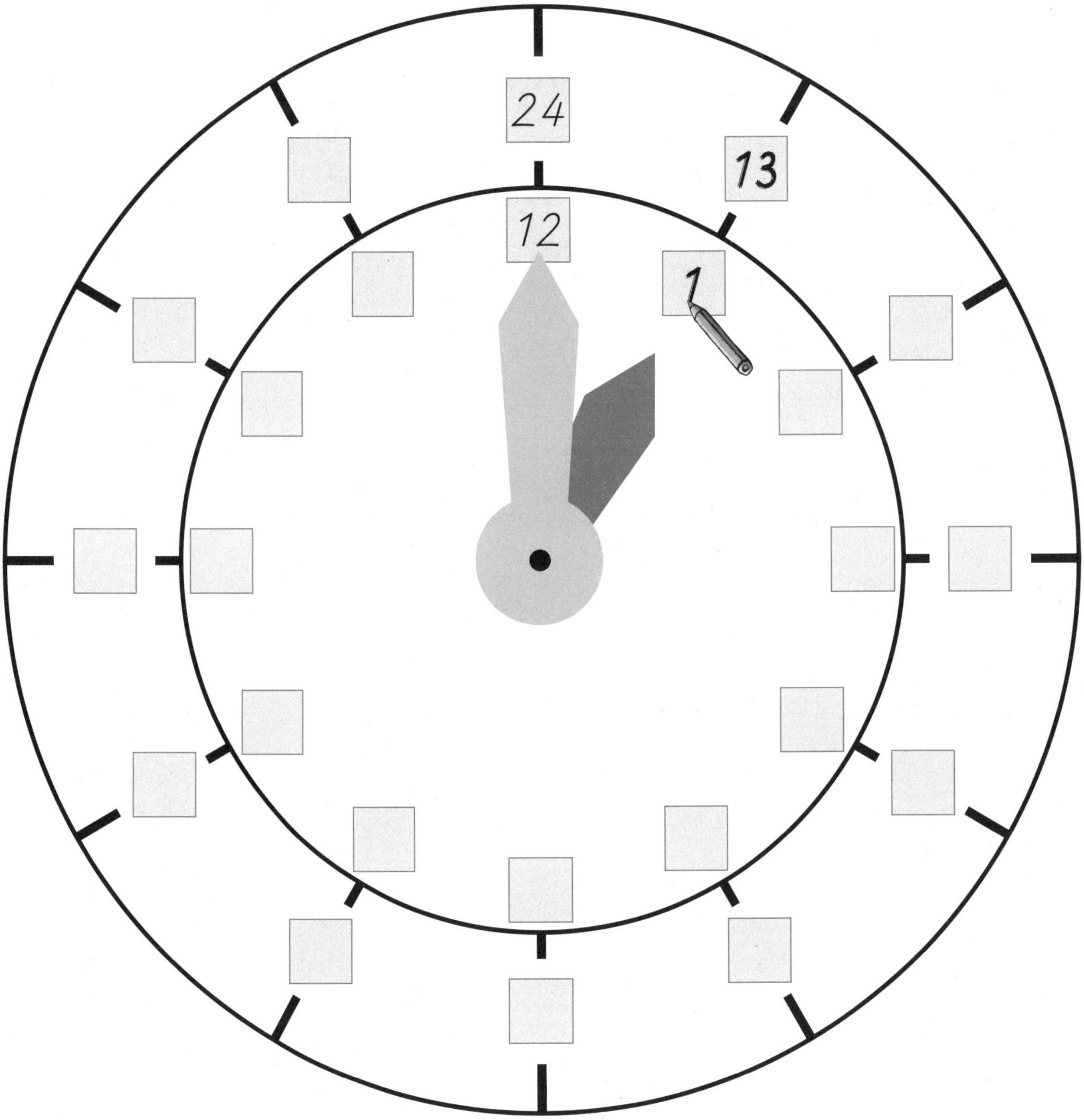

KV 46: Uhrzeiten ablesen / Uhrzeiten einzeichnen (Blankovorlage)

Aufgabe: ______________________________

KV 47: Uhrzeiten-Domino spielen

- Schneide die Dominokarten aus.
- Lege sie so nebeneinander, dass die Zeigerstellungen zu den angegebenen Uhrzeiten passen.
- Wenn du richtig zugeordnet hast, passen die erste und die letzte Karte zusammen.

10 Uhr

22 Uhr

2 Uhr

14 Uhr

3 Uhr

15 Uhr

7 Uhr

19 Uhr

12 Uhr

24 Uhr

9 Uhr

21 Uhr

5 Uhr

17 Uhr

6 Uhr

18 Uhr

1 Uhr

13 Uhr

8 Uhr

20 Uhr

KV 48: Uhrzeiten ablesen und einzeichnen

1 Lies 2 Uhrzeiten ab.

9 Uhr / 21 Uhr

/

/

/

/

/

2 Zeichne die Zeiger ein.

20 Uhr

10 Uhr

13 Uhr

7 Uhr

22 Uhr

17 Uhr

15 Uhr

18 Uhr

11 Uhr

KV 49: Wochenübungsblatt 3
Uhrzeiten ablesen, einzeichnen und zuordnen

1 Lies beide Uhrzeiten ab und schreibe sie auf.

8 Uhr / 20 Uhr | / | /

/ | / | /

2 Zeichne die Zeiger ein.

17 Uhr | 10 Uhr | 15 Uhr

11 Uhr | 21 Uhr | 7 Uhr

3 Verbinde passend.

8 Uhr	morgens	6 Uhr
15 Uhr	nachmittags	21 Uhr
19 Uhr	abends	7 Uhr
16 Uhr		17 Uhr

9.3 Symmetrie

9.3.1 Ziele, Anregungen und Hinweise zum Thema

Ziel ist, dass die Kinder:

- *ihre Umwelt genau beobachten und dort symmetrische Gegenstände/Figuren entdecken.*
- *Symmetrie als Eigenschaft einer Figur erkennen, beschreiben, erklären und in ihrer Sprache begründen.*
- *auf verschiedene Arten symmetrische Figuren herstellen.*
- *Teilfiguren (halbe Figuren) zu symmetrischen Figuren ergänzen.*
- *durch Falten, Ausschneiden und Übereinanderlegen usw. Symmetrie nachweisen und überprüfen.*
- *mit einem Spiegel durch Probieren Symmetrie nachweisen und überprüfen.*

Zum Begriff „Symmetrie“: Wir unterscheiden in diesem Schuljahr bewusst nicht verbindlich nach unterschiedlichen Symmetriearten bzw. verwenden noch nicht eindeutig den Begriff „Spiegelsymmetrie“. Wir sprechen auch bewusst in Anlehnung an die Handlung zunächst von der Faltachse, die selbstverständlich mit der Spiegelachse identisch ist. Dies geschieht dann vertiefend im zweiten Schuljahr bzw. in den folgenden Materialien.

Es geht darum, dass die Kinder erste Erfahrungen mit spiegelsymmetrischen Figuren in ihrer Umwelt machen und auf unterschiedliche Arten einfache spiegelsymmetrische Figuren herstellen. Sie sollen durch eigenes Beobachten und Erleben lernen, dass die mathematische Spiegelsymmetrie eine Idealisierung der vielen symmetrischen Erscheinungen in unserer Umwelt ist.

Die entsprechenden Aufgabenstellungen regen zum eigenen Handeln und Probieren an und können z. B. durch Fensterbilder oder Plakate auch ein Klassenwerk entstehen lassen.

Bitte stellen Sie den Kindern einfache, kleine Spiegel zum Überprüfen der Symmetrie und damit zum genauen Beobachten zur Verfügung.

Weitere Anregungen und Besprechungspunkte für das Plenum sind:

- Mit den Kindern kann die Lehrerin einen Unterrichtsgang durchführen und ihnen dazu einen eindeutigen Beobachtungsauftrag geben (z. B. „Suche symmetrische Gegenstände und zeige sie einem anderen Kind.“).
- Gegebenenfalls nennen die Kinder wieder Gegenstände, die mit Hilfe einer Kamera festgehalten und später als Bilder laminiert zur weiteren Bearbeitung angeboten werden. So bleiben die Bilder länger erhalten und können mit wasserlöslichem Folienstift entsprechend gekennzeichnet und bemalt werden. (Kinder können Eintragungen z. B. zu folgender Frage vornehmen: „Was stört die Symmetrie beim genauen Beobachten?“)
Diese Bilder sind im nächsten Schuljahr wieder zu verwenden und bilden damit auch eine gute Verbindung. Sie sind auch als Beobachtungs- und Erkennungsaufgabe in freie Arbeitsphasen integrierbar.
- Die Kinder malen selbst entsprechende Figuren und lassen diese von anderen Kindern durch Falten oder mit dem Spiegel auf Symmetrie überprüfen.
- Die Kinder gestalten eine Ausstellung von ausgeschnittenen oder selbst hergestellten symmetrischen Figuren.

9.3.2 Beobachtungsbogen, Test und Kopiervorlagen

Die folgenden Seiten können kopiert und individuell im Unterricht und als Hausaufgaben eingesetzt werden.

Beobachtungsbogen „Symmetrie“

Name: ______________________________ *Datum:* ______________________

- ○ kann symmetrische Gegenstände/Figuren in der Umwelt erkennen
- ○ kann Symmetrie als Eigenschaft einer Figur erkennen
- ○ kann Symmetrie als Eigenschaft einer Figur beschreiben, erklären und begründen
- ○ kennt verschiedene Möglichkeiten, um symmetrische Figuren herzustellen
- ○ kann auf verschiedene Arten symmetrische Figuren herstellen
- ○ kann vorgegebene Figuren zu symmetrischen Figuren ergänzen
- ○ kann Symmetrie durch Ausschneiden und Übereinanderlegen nachweisen und überprüfen
- ○ kann Symmetrie mit dem Spiegel nachweisen und überprüfen
- ○ ______________________________
- ○ ______________________________

Test 6 d (Symmetrie)

Name: ______________________ *Datum:* ______________

❶ Umkreise alle symmetrischen Figuren.

❷ Markiere bei Aufgabe 1 die Teile der Figuren mit einem Kreuz (x), die entfernt werden müssen, damit alle Figuren symmetrisch werden.

❸ Zeichne die Halbierungslinien, Faltlinien oder Spiegelachsen ein.

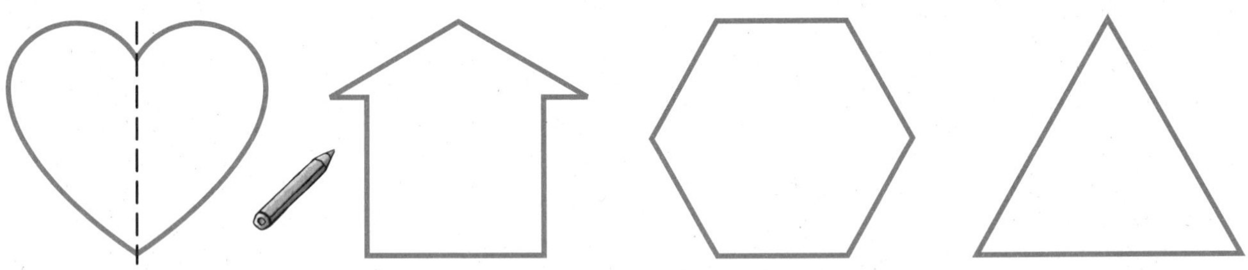

❹ Ergänze die rechten Seiten so, dass es symmetrische Figuren werden.

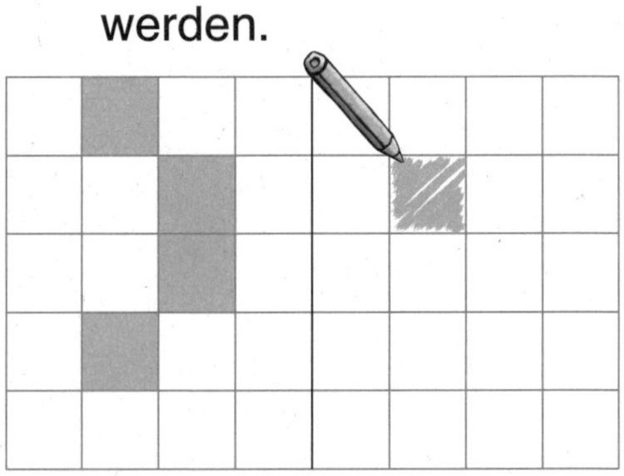

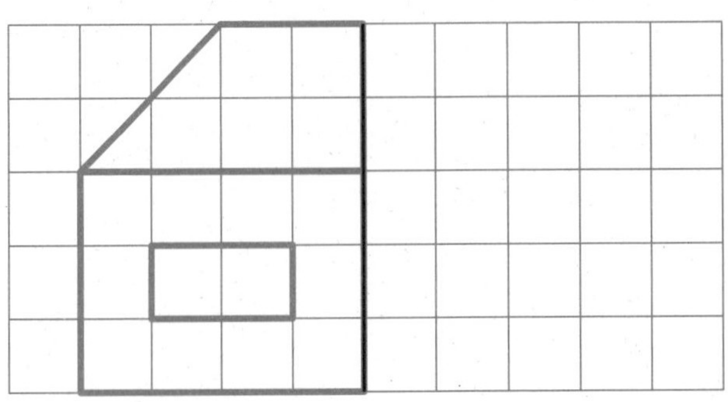

KV 50: Symmetrische Figuren suchen

- Schneide die Kärtchen aus.
- Lege die Kärtchen nebeneinander, die eine symmetrische Figur ergeben.
- Klebe sie auf.

KV 51: Schmetterling gestalten

- Schneide den Schmetterling aus.
- Falte ihn in der Mitte und öffne ihn wieder.
- Bemale eine Hälfte mit Wasserfarben.
- Drücke nun beide Seiten aufeinander und öffne sie wieder.

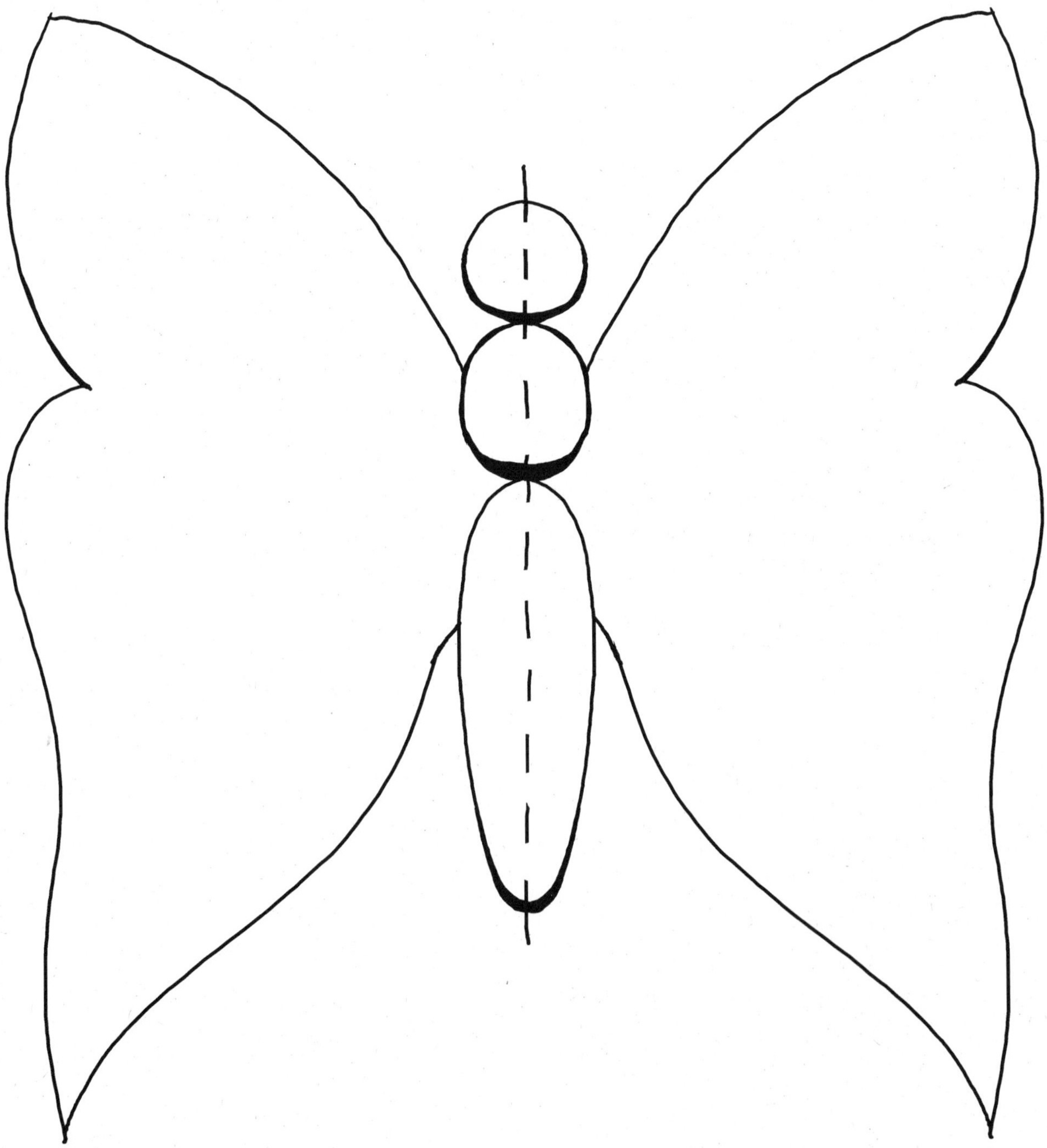

KV 52: Figuren-Domino spielen

- Schneide die Dominokarten aus.
- Beginne bei Start.
- Lege die Karten so nebeneinander, dass die Figuren zueinander passen.

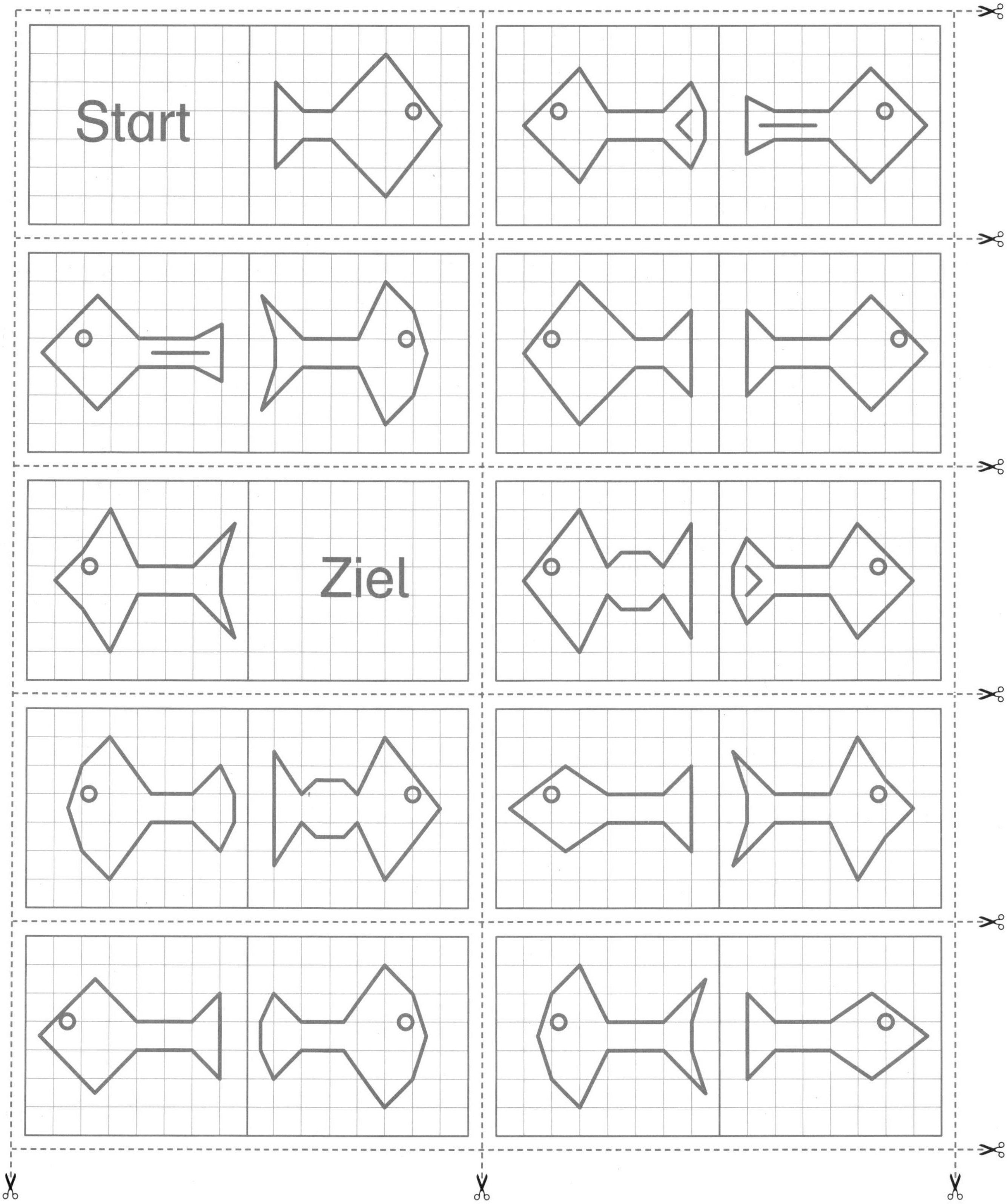

10 Materialien für die Elternarbeit

Sie beschreiten mit dem von Ihnen praktizierten Mathematikunterricht Wege, die vielen Eltern neu sind und die sie vermutlich selbst während ihrer Schulzeit nicht so erfahren haben. Mit Einstern stellen Sie das selbstständige Arbeiten und das intensive Entdecken von mathematischen Strukturen und Zusammenhängen in den Mittelpunkt Ihrer Arbeit. Vermutlich ist auch dies für viele Eltern neu, zumal sie fast sicher vor allem einen **Rechen**unterricht aus der eigenen Schulzeit kennen.

Es scheint uns deshalb sinnvoll, die Eltern möglichst frühzeitig und umfassend zu informieren über:
- den veränderten Unterricht,
- das Mathematikwerk Einstern,
- den Umgang mit dem Lernmittel Einstern usw.

Wir wollen Sie bei dieser Information der Eltern mit den folgenden Anregungen und Materialien unterstützen und Ihnen ohne großen zusätzlichen Aufwand ermöglichen, dass Sie den Eltern bereits zum Schuljahresbeginn die Grundlagen und Hintergründe Ihrer Arbeit mitteilen können.

Dies kann mit einer kurzen direkten Information im Plenum beginnen. Im Anschluss an diese „Frontalphase" sollten sich die Eltern, genauso wie ihre Kinder, mit Hilfe der von uns ausgearbeiteten Stationen selbst informieren und untereinander ins Gespräch kommen.

Dazu gehört, dass:
- die Eltern selbst in dieser offenen Form arbeiten:
  - Stationen nach eigenem Interesse auswählen und bearbeiten,
  - sich ihre Gesprächspartner selbst suchen,
  - erkennen, dass sie unterschiedliche Dinge interessant finden,
  - erfahren, welche veränderte Aufgabe die Lehrerin in einem derartigen Unterricht hat,
  - usw.
- die Eltern sehen, dass sich die Lehrerin ihrer Kinder viele Gedanken macht und nicht nur „zufällig" offener Unterricht propagiert wird.
- die Eltern selbst viele Möglichkeiten des Miteinanders, der unterschiedlichen Arbeitstiefe usw. als individuelle menschliche Lernformen erkennen und erleben.
- usw.

Für die meisten Menschen ist Mathematik ein mit klarer Abfolge strukturierter Prozess, bei dem man den richtigen Umgang mit Zahlen und Rechenzeichen erklärt bekommt, übt und dann auch beherrscht. Nur wenige wissen, dass das Verstehen der grundlegenden Strukturen, Zahlvorstellungen und Vorstellungen von Rechenverfahren eine Grundvoraussetzung für späteres Lernen und Verstehen ist und daher in der Eingangsphase unabdingbar im Mittelpunkt stehen muss. Um Lernwege zu entdecken, zu optimieren und künftig bewusst wieder anzuwenden, sind eigenes Erfahren, der Austausch mit anderen darüber, das Entdecken von Vor- und Nachteilen usw. besonders wichtig. Haben Sie den Mut, wenigstens als Abschluss einer Elternversammlung derartige Dinge kurz anzusprechen und bewusst zu machen!

Zur Vorgehensweise:

Wir geben Ihnen Hinweise, wie Sie einen Elternabend (eine Elternveranstaltung) zum Thema „Kindgerechter Mathematikunterricht in unserer Klasse" gestalten und die Eltern dabei selbstständiges Lernen erfahren können.

In den Lehrerhandreichungen finden Sie auf den Seiten 6, 7 und 8 Abbildungen, die Sie auf Folien kopieren können. Damit können Sie bei einer Elternveranstaltung entweder bereits vor Schulbeginn oder in den ersten Schulwochen in strukturierter Form kurz Ihren Grundansatz vorstellen:
- kindgerecht und was dazu gehört,
- einige Grundlagen der Mathematikdidaktik in verständlicher Form,
- einige Aussagen über die veränderte Lehrerinnenrolle.

Mehr als ca. 15 bis 20 Minuten würden wir dazu nicht empfehlen. Die erste Hinführung soll Interesse auf das eigene Erkunden mit Hilfe der Stationen wecken.

Die von uns bereitgestellten Stationen enthalten Informationen und in der Regel Arbeitsaufträge und können kopiert zur Verfügung gestellt werden. Die Texte der einzelnen Stationen sind in der „Ich-Form" formuliert und können von Ihnen somit direkt eingesetzt werden.

Der besseren Übersichtlichkeit wegen empfehlen wir, die Stationen gleicher Themenbereiche auf jeweils gleichfarbiges Papier zu kopieren. So, oder in Prospekthüllen verpackt, werden sie im Klassenzimmer ausgehängt (an der Pinnwand, an der Tafel, am Fenster, an der Wand usw.). Die große Überschrift in derselben Farbe erleichtert den Eltern zusätzlich die Orientierung.

Wir haben Ihnen zu den einzelnen Stationen jeweils die notwendigen Materialien aufgelistet, die Sie den Eltern zur Verfügung stellen können. Einzelnen Seiten aus den Themenheften können als Kopien angeboten werden.

Für die Eltern erhalten Sie einen Arbeitsauftrag und eine Übersicht über die Informationsmöglichkeiten. Sie können, auf der Vorder- und Rückseite bedruckt, den Eltern vor der eigentlichen Arbeitsphase ausgehändigt werden. Erfahrungsgemäß sind für die Arbeitsphase 40 bis 45 Minuten ausreichend. (Viele Eltern bleiben an einer Station „hängen“ und besprechen sich dort mit anderen oder mit Ihnen als Lehrerin.)
Das Schlussplenum greift dann Einzelfragen auf und gibt die oben bereits erwähnten „bewusst machenden“ Rückmeldungen an die Eltern.
Bereits nach wenigen Unterrichtswochen könnten Sie auch eine gemeinsame Veranstaltung mit den Kindern, z. B. am Spätnachmittag oder auch mal am Samstag, unter dem Motto: „Wir zeigen unseren Eltern, wie wir im Mathematikunterricht arbeiten.“ anbieten
Wir haben mit solchen Veranstaltungen bisher nur gute Erfahrungen gemacht.

Wir wünschen Ihnen viel Erfolg bei der Einbindung der Eltern in Ihre Vorstellungen von Schule und Unterricht und in Ihre Arbeit!

Jutta Maurach und Roland Bauer

Übersicht der Stationen und Materialien

Stationen		Materialien
	Themenbereich: Selbstständiges Arbeiten der Kinder ermöglichen	
1:	Klare, erkennbare und verständliche Strukturen auf den Seiten der Themenhefte	ein beliebiges Themenheft
2:	Musteraufgaben und nonverbale Anweisungen	ein beliebiges Themenheft
3:	Eine Leitfigur führt	Seiten 1/4[1], 2/9
4:	Wiederkehrende Strukturen	Seiten 1/23, 2/11, 3/23 (Würfelbilder), 1/10, 2/12 (Kästchendarstellung)
5:	Den Arbeitsfortschritt dokumentieren	zwei beliebige Inhaltsverzeichnisse aus den Themenheften
6:	Mindestanforderungen festlegen	beliebiges Themenheft
7:	Selbstkontrolle ermöglichen	falls Sie haben, ein bearbeitetes Themenheft, sonst gar nichts
	Themenbereich: Grundlagen bei den Kindern sichern	
8:	Pflichtaufgaben sichern notwendige Grundlagen	beliebiges Themenheft
9:	Zahlen und Rechenzeichen in Beziehung zu Bildern und Handlungen setzen	Seiten 2/12, 2/18
10:	Vielfältige Angebote, um dem eigenen Lerntyp zu entsprechen	beliebiges Themenheft
11:	Bruner'sche Ebenen berücksichtigen	Seiten 2/10, 2/29, 4/28
12:	Lebensumfeld und Alltagssituationen der Kinder einbeziehen	beliebiges Themenheft
	Themenbereich: Übersicht ermöglichen – für Lehrerinnen, Lehrer und Eltern	
13:	Einen schnellen Überblick über den Arbeitsfortschritt ermöglichen	beliebiges Inhaltsverzeichnis
14:	Beobachtungsbögen verwenden	beliebige Beobachtungsbögen
15:	Ergebnisorientierte Tests verwenden	beliebige Tests
16:	Eltern über die Konzeption und den erweiterten Ansatz informieren	Informationsblatt zur Station 16
	Themenbereich: Grundlagen schaffen – aus fachwissenschaftlicher und fachdidaktischer Sicht	
17:	Handlungen als Ausgangspunkt für das Lernen	kein Material
18:	Rechenverfahren als Handlungen verstehen	Seite 3/43
19:	Unterschiedliche Wege erproben und reflektieren	Seiten 5/12, 5/29
20:	Über offene Aufgabenstellungen Fantasie und eigene Vorstellungen entwickeln	Seiten 5/5, 6/19, 6/25
	Themenbereich: Die veränderte Lehrerinnen- und Lehrerrolle unterstützen	
21:	Gemeinsame Einführungen als Ausnahme	kein Material
22:	Der andere Auftrag der Plenumsarbeit	Informationsblatt zur Station 22
23:	Zeit fürs Beobachten gewinnen	Informationsblatt zur Station 23
24:	Ein Helfersystem aufbauen	kein Material
25:	Selbstkontrolle ermöglichen	kein Material

[1] Die erste Ziffer beschreibt die Nummer des Themenheftes und die zweite die der Seite.

Informationsmöglichkeiten – Arbeitsauftrag

Während der vereinbarten Zeit haben Sie die Möglichkeit, sich selbst mit Hilfe der zur Verfügung gestellten Informationen und Arbeitsaufträge ein umfassendes Bild über die Grundlagen eines veränderten Mathematikunterrichts zu machen und dies am Beispiel „Einstern“, dem bei mir verwendeten Unterrichtswerk, zu entdecken.

Sie gehen einfach herum und beginnen ohne weitere Erklärungen durch mich Ihre „Arbeit“, mehr über den veränderten Anfangsunterricht zu erfahren.

Sie können selbst:
- **lesen,**
- **ansehen,**
- **vergleichen und**
- **sich mit anderen Personen oder mit mir über Ihre Eindrücke austauschen.**

- Es ist dabei sinnvoll, wenn sie wenigstens ein Themenheft (eines von Ihrem Kind) mitnehmen und zur Verfügung haben.
- In den letzen 15 Minuten können wir im Plenum Erfahrungen austauschen oder weitere Fragen klären.

Ich habe Ihnen „Lernstationen“ aufgebaut, die Sie selbstständig nutzen können. Die farbliche Gestaltung unterstützt Ihre Übersicht und hilft Ihnen bei der Auswahl.

Es sind folgende Grundlagen von Unterricht und Einstern angesprochen:
- selbstständiges Arbeiten der Kinder ermöglichen
- Grundlagen bei den Kindern sichern
- Übersicht ermöglichen – für Lehrerinnen, Lehrer und Eltern
- Grundlagen schaffen aus fachwissenschaftlicher und -didaktischer Sicht
- veränderte Lehrerinnen- und Lehrerrolle unterstützen

Vereinbarte Zeit für das Plenum: ____________

bitte wenden

Informationsmöglichkeiten im Einzelnen (die Farben helfen beim Orientieren):

Themenbereich: Selbstständiges Arbeiten der Kinder ermöglichen (rot)
- entdecken, wie die Struktur auf die Selbstständigkeit der Kinder ausgerichtet wird
- Musteraufgaben und nonverbale Anweisungen erkennen
- die Funktion der Leitfigur Einstern kennen lernen
- sehen, wie bereits bekannte Strukturen auch in weiteren Themenheften aufgegriffen und wiederholt werden
- sehen, wie Kinder den Arbeitsfortschritt dokumentieren
- erfahren, wie Mindestanforderungen für die Kinder festgelegt werden
- Hinweise zur Selbstkontrolle bekommen

Themenbereich: Grundlagen bei den Kindern sichern (gelb)
- nachvollziehen, ob die Mindestanforderungen den notwendigen Grundlagen entsprechen
- Bezüge zwischen den Repräsentationsebenen (Handlung – Bild – Symbol) erkennen
- über die eigene Bearbeitungsart einen Zugang zu den lerntypenbezogenen Angeboten erhalten
- das Berücksichtigen der Bruner'schen Ebenen feststellen
- das Einbeziehen vom Lebensumfeld der Kinder und von Alltagssituationen erkennen

Themenbereich: Übersicht ermöglichen – für Lehrerinnen, Lehrer und Eltern (grün)
- das Ankreuzsystem für einen schnellen Überblick kennen lernen
- einen Beobachtungsbogen „studieren" und dessen Wirkung „testen"
- einen der angebotenen Tests und seine Struktur betrachten
- weitere Informationsmöglichkeiten für Eltern erfahren

Themenbereich: Grundlagen schaffen – aus fachwissenschaftlicher und fachdidaktischer Sicht (blau)
- Aktionsbilder als Handlungsanregung verstehen
- Rechenverfahren als Handlungen verstehen
- entdecken, wie unterschiedliche Wege bewusst gemacht werden und zum Reflektieren angeregt wird
- offene Aufgabenstellungen und ihre Wirkung erkennen

Themenbereich: Die veränderte Lehrerinnen- und Lehrerrolle unterstützen (orange)
- die Stellung gemeinsamer Einführungen kennen lernen
- den anderen Auftrag der Plenumsarbeit reflektieren
- Aussagen zur „Zeit fürs Beobachten" hinterfragen
- erfahren, wie ein Helfersystem aufgebaut wird
- eine Anregung zur Selbstkontrolle mitnehmen

Ich wünsche Ihnen viel Erfolg bei Ihren Entdeckungen und gute „Einsichten".

Selbstständiges Arbeiten der Kinder ermöglichen

Klare, erkennbare und verständliche Strukturen auf den Seiten der Themenhefte

Hierzu gehört ein strukturierter Seitenaufbau:

- oben in der Regel eine Musteraufgabe, die in blau ausgeführt ist,
- zunächst gleiche Aufgabentypen, die der „Musteraufgabe" entsprechen,
- ein eindeutiger Hinweis, was zu tun ist (als blauer Eintrag in der Musteraufgabe),
- ein Stift, der signalisiert, wo erste Einträge erfolgen sollen,
- häufig ein Aktionsbild, das die erste Aufgabe auf der Handlungsebene aufnimmt und gleichzeitig zur Handlung alleine, mit einem Partner oder mehreren Kindern anregt.

- **Bitte betrachten Sie im vorliegenden Themenheft einzelne Seiten und überprüfen Sie, ob die o. g. Anforderungen verwirklicht sind.**
- **Besprechen Sie mit anderen Personen, ob diese Seiten von Kindern alleine bearbeitet werden können.**

Musteraufgaben und nonverbale Anweisungen

Kinder können in der Regel selbstständig mit der Bearbeitung von Arbeitsblättern oder Buchseiten beginnen, wenn sie sofort erkennen, was zu tun ist, oder aber dies vorher über Anweisungen (durch die Lehrkraft oder im Gesprächskreis) erfahren.

Da die Kinder zu gleichen Zeiten an unterschiedlichen Aufgaben arbeiten, müssen diese so dargestellt sein, dass sie die Kinder ohne weitere Erklärungen umsetzen können.
Bei dem von mir verwendeten Mathematikwerk „Einstern“ geschieht dies durch:

- eine Musteraufgabe:
  - die durch die blau unterlegte Farbe als solche erkannt wird.
  - die Einträge, meist in fetter Schrift ausgeführt, beinhaltet, die die Kinder später auch machen sollen.
  - an der Einstern oft zeigt, was zu tun ist.
- nonverbale Arbeitsanweisungen:
  - die durch den Stift gegeben sind, der zeigt, wo etwas einzutragen bzw. zu zeichnen ist.
  - häufig durch Hinweise von Einstern.
  - durch Gedankenblasen o. Ä.
  - durch die bildliche Darstellung der Handlungsebene im Aktionsbild.

- **Bitte betrachten Sie einzelne Seiten im Themenheft unter diesen Gesichtspunkten.**

Selbstständiges Arbeiten der Kinder ermöglichen

Eine Leitfigur führt

Kinder nehmen eine Leitfigur gerne an. Einstern ist sowohl der Namensgeber als auch die Leitfigur für die von mir verwendeten Lernmaterialien. Ich glaube, dass Einstern eine Figur ist, mit der sich die Kinder identifizieren können.

Einstern dient jedoch nicht als gestalterisches Element, sondern zeigt:

- was zu tun ist,
- wo Zusammenhänge erkannt werden können und sollen,
- wo das Denken besonders gefragt ist,
- usw.

und ist dabei eine Figur, die ernst, verspielt, nachdenklich, lausbübisch ... ist.

- **Bitte betrachten Sie die Seiten und die Figur Einstern unter diesen Gesichtspunkten.**
- **Überlegen Sie, ob Ihren Kindern eine derartige Figur Hilfe beim selbstständigen Arbeiten ist.**

Selbstständiges Arbeiten der Kinder ermöglichen

Wiederkehrende Strukturen

Die Kinder können selbstständig an neuen Inhalten arbeiten, wenn z. B. diese in bereits bekannten Strukturen dargestellt und angeboten werden (nur eine Sache ist neu!).

- **Bitte betrachten Sie die bereitliegenden Seiten, die aus unterschiedlichen Themenheften sind. Sie besitzen jeweils die gleiche Struktur bzw. basieren auf gleichen Erfahrungen.**
- **Bitte prüfen Sie selbst, ob Sie die Struktur erkennen, und entscheiden Sie für sich, ob dieser Wiedererkennungseffekt ausreicht, dass Ihre Kinder auch den neuen Inhalt mit Erfolg bearbeiten können.**

Den Arbeitsfortschritt dokumentieren

Beim selbstständigen Arbeiten muss Beliebigkeit eingeschränkt oder vielleicht auch ganz ausgeschlossen werden.
Je größer die Selbstständigkeit der Kinder wird, desto notwendiger sind Unterstützungssysteme, die den Kindern Struktur geben und der Lehrerin/dem Lehrer sowie den Eltern eine rasche und ständige Übersicht über den Arbeitsverlauf und Arbeitsstand ermöglichen.

– Beim Lernen an Stationen ist dies z. B. durch einen Laufzettel,

– beim Wochenplan durch eine Übersicht gegeben.

Bei Einstern ist diese Übersicht in das Inhaltsverzeichnis integriert:
Ihr Kind kennzeichnet dort durch Ankreuzen, welche Seite es bearbeitet hat. Auch wenn die Kinder die Seitenzahlen noch nicht lesen können, verwenden sie diese als Symbole, die auf den entsprechenden Seiten und dem Inhaltsverzeichnis gleich sind.

- **Bitte besprechen Sie später mit Ihrem Kind, wie es mit dieser Dokumentation des Arbeitsfortschrittes klarkommt.**
- **Wie können Sie als Elternteil mit einer derartigen „Dokumentation“ Ihres Kindes umgehen?**
- **Bekommen Sie dadurch einen Überblick über den Arbeitsfortschritt Ihres Kindes?**
- **Reicht Ihnen dies zunächst und ggf. als Grundlage für ein Gespräch mit der Lehrerin/dem Lehrer?**

Mindestanforderungen festlegen

Den Kindern sollte aus meiner Sicht als Lehrerin/als Lehrer eindeutig klar sein, was sie mindestens bearbeiten sollen.

Die Mindestanforderungen sind durch das Symbol „ausgefüllter Stern“ auf jeder Seite oben gekennzeichnet.
Auch im Inhaltsverzeichnis in jedem Heft sind mit der gleichen Kennzeichnung bei den entsprechenden Seitenzahlen diese Mindestanforderungen markiert.
Jedes Kind muss die Pflichtaufgaben auf jeden Fall bearbeiten und später den Nachweis über den Erfolg erbringen (siehe Stationen 14 und 15 „Übersicht ermöglichen – für Lehrerin, Lehrer und Eltern: Beobachtungsbögen verwenden; Ergebnisorientierte Tests verwenden“).

- **Betrachten Sie die Kennzeichnung der Pflichtaufgaben auf den Seiten und in der Inhaltsübersicht des Heftes.**
- **Überlegen Sie, ob dadurch für Ihr Kind die Mindestanforderungen eindeutig definiert sind.**

Selbstkontrolle ermöglichen

Die Kinder benötigen Grundlagen für die Selbstkontrolle und „üben“ Selbstkontrolle.

Die Selbstkontrolle möchte ich den Kindern auf jeden Fall ermöglichen.

- Dazu lege ich ein bearbeitetes Themenheft für die Kinder frei zugänglich aus, damit sie ihre Ergebnisse selbst kontrollieren können.
- Unabdingbar ist dann natürlich, dass ich mit einzelnen Kindern das Vergleichen und Kontrollieren übe. Dazu müssen sie mir zeigen, wie man alleine Zeile um Zeile vergleichen oder wie man dies ökonomisch auch in Partnerarbeit erledigen kann.

Zahlen und Rechenzeichen in Beziehung zu Bildern und Handlungen setzen

Ganz oft arbeiten die Kinder auf der symbolischen Ebene (Zahlen, Buchstaben, Rechenzeichen), indem sie Aufgaben berechnen, Zahlen aufschreiben, Rechenzeichen einsetzen usw., ohne dass ihnen im Moment noch der Bezug zu den Grundlagen bewusst ist.

In den Materialien von Einstern wird ganz in meinem Sinne versucht, den Bezug zu anderen Ebenen auch bei den reinen „Rechenaufgaben" immer wieder herzustellen, indem:

- die bildliche Ebene zum Erklären einbezogen ist, wenn möglich sogar durch Verwendung der ursprünglich kennen gelernten Strukturen,
- eine bildliche Darstellung eingefordert wird,
- auch bei entsprechendem Lernfortschritt die Handlung oder das Bild als Ausgangspunkt für die rein „rechnerische" Ebene gewählt wird.

Im Lernprozess sind alle diese Ebenen als völlig gleichrangig anzusehen! Bitte unterstützen Sie dies bei Ihrem Kind!

- **Bitte betrachten Sie die beiliegenden Seiten unter diesem Aspekt.**
- **Erkennen Sie für sich den Zusammenhang zwischen den Rechenaufgaben und den Bildern?**

Vielfältige Angebote, um dem eigenen Lerntyp zu entsprechen

Neben den Pflichtaufgaben stelle ich mit dem Material den Kindern weitere Aufgaben als Auswahlangebot zur Verfügung. Dabei sind unterschiedliche Zugänge und vor allem auch unterschiedliche Bearbeitungsarten vorgesehen. Die Kinder sollen auswählen, was ihrem Lernverhalten und ihrem Verstehen und Festigen am besten entspricht.

- **Bitte betrachten Sie einige „Wahlseiten“ (Seiten mit hell abgetöntem Stern) eines Themengebietes und entscheiden Sie für sich, welche Sie davon ggf. bearbeiten würden.**
- **Überlegen Sie für sich, warum Sie diese Entscheidung getroffen haben. Ist es:**
  - **die Bearbeitungsart?**
  - **die Möglichkeit, selbst etwas gestalten zu können?**
  - **die Möglichkeit, über mechanisches Arbeiten rasche Fortschritte aufzeigen zu können?**
  - **oder …?**
- **Sie können gerne mit anderen Eltern ihre Begründungen austauschen.**

Bruner'sche Ebenen berücksichtigen

Sie kennen die für den mathematischen Lernprozess so wichtigen Bruner'schen Ebenen vermutlich nicht. Ich stelle sie Ihnen daher kurz vor:

„e – i – s“ sind die Abkürzungen für die drei Stufen im mathematischen Lernprozess:

- **e**naktiv (Handlungsebene – etwas tun),
- **i**konisch (bildliche Ebene – Zeichnungen fertigen oder Bilder verstehen),
- **s**ymbolisch (Zahlen, Buchstaben, Rechenzeichen und Sprache verwenden).

In dieser Reihenfolge sollten mathematische Lernprozesse auch aufgebaut sein.
Effektives Lernen findet nach den sehr bekannten Lernpsychologen und Didaktikern Piaget, Bruner und Aebli dann am besten statt, wenn von einer Ebene in die andere umgewandelt wird.

In einem Buch lassen sich die ikonische und symbolische Ebene noch relativ gut verwirklichen. Die Handlungsebene kann jedoch nur angeregt werden. Dies geschieht in Einstern über die Aktionsbilder. Sie greifen in der Regel die „Musteraufgabenstellung“ auf und regen ihnen zugrunde liegende Handlungen alleine oder mit anderen Kindern an.

- **Bitte betrachten Sie die einzelnen Seiten.**
- **Versuchen Sie, die drei Ebenen zu erkennen und zu beschreiben.**
- **Erkennen Sie „Umwandlungsanregungen“? Damit können Sie Ihr Kind beim Lernen unterstützen.**

Lebensumfeld und Alltagssituationen der Kinder einbeziehen

Über bildliche Darstellungen und vor allem auch über die Aktionsbilder sollen die Kinder auf den Bezug zu ihrem Umfeld aufmerksam gemacht werden. Für mich als Lehrkraft sind dies auch zusätzlich „Anregungen zur Unterrichtsarbeit und für das Plenum". (Wir machen solche Dinge auch gemeinsam.)

Bei den Aktionsbildern sind nach meinem Eindruck so oft wie möglich jeweils Gegenstände dargestellt, welche die Kinder im Klassenzimmer vorfinden, und Handlungen aufgezeigt, die sie einfach durchführen können.

- **Betrachten Sie bitte verschiedene Aktionsbilder im Themenheft unter dem Gesichtspunkt „Lebensumfeld meines Kindes" und „Alltagssituationen".**

Übersicht ermöglichen – für Lehrerinnen, Lehrer und Eltern

Einen schnellen Überblick über den Arbeitsfortschritt ermöglichen

Die Kinder sollen im Inhaltsverzeichnis bearbeitete Seiten durch Ankreuzen dokumentieren.

Durch dieses Ankreuzen in der Übersicht kann ich als Lehrerin oder Lehrer und selbstverständlich auch Sie als Eltern rasch einen Überblick über den Stand der Arbeit Ihres Kindes und über seinen Arbeitsfortschritt erhalten.

- **Schauen Sie sich bitte das Inhaltsverzeichnis unter dem oben genannten Gesichtspunkt an.**

Beobachtungsbögen verwenden

Zu jedem Inhaltsbereich eines Themenheftes habe ich allgemeinen Grundsätzen von Lernwegen entsprechende Beobachtungsbögen vorliegen.

Diese Beobachtungsbögen:

– beschreiben die Stufen im Lernprozess, die ein Kind in der Regel durchläuft,

– dokumentieren und signalisieren den „Leistungsstand" auf der Grundlage der o. g. Stufenfolge,

– bieten mir als Lehrkraft ein Raster für gezielte Beobachtungen,

– helfen Beobachtungen einzelner Kinder rasch festzuhalten,

– dienen als Grundlage für Lernberatungen,

– dienen als Grundlage für Gespräche mit und Rückmeldungen an Sie als Eltern,

– *„evaluieren" das Ergebnis der eigenen Arbeit in der Klasse.*

Ich habe für jedes Kind jeweils derartige Beobachtungsbögen angelegt und stelle Ihnen als Eltern diese, ggf. auch blanko, als Information zur Verfügung.

- **Bitte betrachten Sie einen der bereitliegenden Beobachtungsbögen.**
- **Entscheiden Sie für sich, ob dies für Sie eine sinnvolle Grundlage für die Lernbegleitung ist.**
- **Gibt es Ihnen mehr Sicherheit (bei aller Offenheit)?**

Ergebnisorientierte Tests verwenden

Zu jedem Inhaltsbereich eines Themenheftes habe ich Tests im herkömmlichen Sinne vorliegen.

Über die Bearbeitung der Tests durch die Kinder erfahre ich und erfahren Sie, welches Kind an welcher Stelle welche Ergebnisse erzielt. In der Regel kann jedoch aus der richtigen und falschen Bearbeitung noch kein eindeutiger Schluss auf den Lernstand gezogen werden. Daher verwende ich parallel dazu prozessorientierte Beobachtungsbögen.

Bei den Tests sind analog zu den Seiten in den Themenheften in der Regel die Musteraufgaben mit Lösung vorgegeben, damit die Kinder wissen, was sie wie zu bearbeiten haben. Meist sind mindestens drei ähnliche Aufgaben enthalten, um „Zufallsfehler" erkennbar zu machen.

- **Bitte betrachten Sie mindestens einen Test und entscheiden Sie für sich selbst, ob Ihr Kind den Test verstehen wird und ob dieser für Sie eine gute zusätzliche Lernkontrolle ist.**

Eltern über die Konzeption und den erweiterten Ansatz informieren

Sie als Eltern erfahren bei der Arbeit Ihrer Kinder mit Einstern durchaus einen anderen Unterricht und andere Vorgehensweisen, als Sie es selbst in der Schule erlebt haben. Es ist mir durchaus bewusst und bekannt, dass dies in der Regel Unsicherheit und viele Fragen auslöst.
Aus diesem Grunde möchte ich Sie heute in dieser Form umfassend über den veränderten Unterricht und die veränderten Vorgehensweisen und Ansprüche informieren. Sie arbeiten heute teilweise auch selbstständig, wie Ihre Kinder, und lernen (hoffentlich) trotzdem etwas.

- Sie erfahren über die Beobachtungsbögen etwas über die Stufen im Lernprozess und erkennen hoffentlich, dass dies weiter geht als eine nur ergebnisorientierte Betrachtungsweise.
- Mit den Folien oder Kopiervorlagen am Anfang habe ich Ihnen die Grundlagen eines kindgerechten Mathematikunterrichts dargestellt.
- Ich biete Ihnen auch gerne noch eine Zusammenstellung der wesentlichen Gesichtpunkte des Konzepts von Einstern an (siehe Informationsblatt zur Station 16).

Genügen Ihnen diese Informationen? Sonst können Sie mich gerne auch noch persönlich ansprechen.

Informationsblatt zur Station 16

Im Mittelpunkt des Unterrichtswerks Einstern steht das Kind. Die ersten Schritte in die Mathematik sollen die Kinder freudig erleben und selbst mitgestalten können. Jedes Kind soll ein tragfähiges Fundament aufbauen, das für das Verständnis von Zahlen, Größen, Rechenoperationen und Zusammenhängen unabdingbar ist. Klare, durchaus jedoch individuelle Strukturen stehen dabei im Vordergrund. Kindgemäße Arbeitsmaterialien und Anregungen zum selbstständigen Arbeiten sollen individuelles Lernen und individuelle Zeitgestaltung während des Anfangsunterrichts ermöglichen und fördern und gleichzeitig fachwissenschaftliche sowie fachdidaktische Strukturen einbeziehen.
Daraus leiten sich die Schwerpunkte der Arbeit ab, die den methodisch-didaktischen Rahmen bilden und die unabdingbaren Möglichkeiten für die Kinder beschreiben.

Jedes Kind soll:

- eine fundierte Zahlvorstellung/ein fundiertes Zahlverständnis entwickeln.
- Zahlen ordnen, vergleichen und in Beziehung setzen.
- in dem von ihm überschaubaren Zahlenraum handlungsorientierte Vorstellungen zu den Grundrechenarten aufbauen und festigen.
- Rechenwege, Gesetzmäßigkeiten und Zusammenhänge erkennen, vergleichen, begründen und reflektieren.
- Grundvorstellungen von Größen und den Umgang mit ihnen aufbauen und sie situationsbezogen anwenden.
- geometrische Grundformen und Körper in ihrer Umwelt und in Sachsituationen erkennen, identifizieren, beschreiben und sein Wissen und Können auch im Zusammenhang mit Lagebeziehungen, Flächeninhalten usw. anwenden.
- in Sachsituationen und einfachen Zahldarstellungen mathematische Inhalte und Strukturen erkennen, beschreiben, mathematische Problemlösemöglichkeiten entwickeln und Ergebnisse reflektierend betrachten.

Aus den bisherigen Ausführungen ergeben sich notwendige Ansprüche an das Lernmaterial. Es muss:

- den Anspruch auf individuelles und selbstständiges Lernen der Kinder berücksichtigen.
- den Kindern ermöglichen, innerhalb eines vorgegebenen Angebots durch individuelle Auswahl den Lernprozess mitzugestalten und auf den eigenen Vorkenntnissen aufzubauen.
- individuelles und selbstständiges Arbeiten in individuellem Tempo ermöglichen.
- das Miteinander- und Voneinanderlernen anregen und ermöglichen.
- unterschiedliche Repräsentationsebenen (Handlungen, Bilder, Symbole) auch noch im Lernprozess und nicht nur bei der Einführung berücksichtigen.
- vor allem durch den häufigen Bezug zur Handlungsebene und deren Umwandlungen in Bilder und Rechnungen (andere Repräsentationsebenen) mathematisches Verständnis aufbauen.
- Übungen in den Lernprozess auf unterschiedlichen Schwierigkeitsebenen integrieren.
- auch mechanisches/automatisierendes Lernen in Aufgabenstellungen berücksichtigen.
- lehrgangsbetontes, systematisches Lernen sowohl selbstständig für das einzelne Kind als auch mit den Kindern gemeinsam im Klassenverband ermöglichen.
- fachmethodische und fachdidaktische Gesichtspunkte berücksichtigen.
- möglichst viele Differenzierungsebenen berücksichtigen.

Grundlagen schaffen –
aus fachwissenschaftlicher und fachdidaktischer Sicht

Handlungen als Ausgangspunkt für das Lernen

Im mathematischen Lernprozess sollten nach Bruner, einem Schweizer Wissenschaftler, Handlungen mit konkretem Material jeweils die Ausgangsbasis sein.

Dies versuche ich bei neuen Betrachtungen und beim Festigen möglichst immer zu verwirklichen. Die Aktionsbilder regen die Kinder zu den Handlungen an. Sie sind auch Anregungen für gemeinsame Phasen mit einzelnen Gruppen oder der Klasse.
Auch die Umwandlungen in andere Repräsentationsebenen (in Bilder oder Zahlen und Rechenzeichen sowie in die Sprache selbst) sind nach Bruner ganz wichtige Stufen im Lernprozess.

Alle Darstellungen, auch mit einzelnen Kindern, können in Partnerarbeit durchgeführt werden, z. B. auch von Ihnen mit Ihrem Kind.

- **Nähere Ausführungen und Arbeitsanweisungen zu diesen Stufen finden Sie bei der Station 11 „Grundlagen bei den Kindern sichern: Bruner'sche Ebenen berücksichtigen“.**

Grundlagen schaffen – aus fachwissenschaftlicher und fachdidaktischer Sicht

Rechenverfahren als Handlungen verstehen

Die Kinder lernen die Rechenverfahren (zunächst Addition und Subtraktion) als Handlungen kennen. Beim Addieren z. B. kommt etwas dazu, was ganz unterschiedlicher Art sein kann.

Dadurch will ich gewährleisten, dass die Kinder eine Vorstellung von „addieren“ oder „subtrahieren“ entwickeln und dies nicht nur formal kennen lernen. Gleichzeitig werden damit Grundlagen für den Umgang mit Sachsituationen und Sachaufgaben gelegt.

- **Betrachten Sie unter diesem Gesichtspunkt die ausgelegte Seite.**
- **Klären Sie für sich, ob dort der Bezug entsprechender Handlungen zu der mathematischen Umsetzung in „plus“ und „minus“ gegeben ist.**

Grundlagen schaffen – aus fachwissenschaftlicher und fachdidaktischer Sicht

Unterschiedliche Wege erproben und reflektieren

„Viele Wege führen nach Rom“, eine oft geäußerte Weisheit, oder „Jeder nutzt seine eigenen Lernwege und Lernstrategien“.

Ziel ist, dass die Kinder unterschiedliche Zugangsweisen und Lernwege kennen lernen und sich dann bewusst für die individuell „beste“ Möglichkeit entscheiden.

An einigen Stellen sind solche Überlegungen als Aufgaben eingearbeitet und sollen die Kinder zum bewussten Umgang damit anregen.

- **Bitte betrachten Sie die beispielhaft ausgewählten Seiten.**
- **Legen Sie für sich fest, was Ihrem „Typ“ am ehesten entspricht.**
- **Könnten Sie spontan weitere Lernmöglichkeiten und auch Ihren Favoriten benennen?**
- **Bitte unterstützen Sie, genauso wie ich, bei Ihrem Kind möglichst viele und dann vor allem aber die vom Kind endgültig ausgewählten Wege.**

Gemeinsame Einführungen als Ausnahme

Den Kindern soll über das selbstständige Bearbeiten ein individueller Lernfortschritt ermöglicht werden.

- Dazu müssen die Aufgabenstellungen für die Kinder so gestaltet sein, dass sie von ihnen alleine erfasst und umgesetzt werden können.
- Die Kinder arbeiten an „unterschiedlichen Stellen" in ihren Themenheften.
- Nur ganz wenige Kinder wären zu einem bestimmten Zeitpunkt bereit, sich auf eine gemeinsame Einführung einzulassen.

Daher werde ich in rasch zunehmendem Maße auf gemeinsame „Einführungen" nach den ersten Wochen verzichten und stattdessen eine andere Ebene der Plenumsarbeit installieren und gestalten.

- **Siehe dazu Station 22 „Die veränderte Lehrerinnen- und Lehrerrolle unterstützen: Der andere Auftrag der Plenumsarbeit".**

Die veränderte Lehrerinnen- und Lehrerrolle unterstützen

Der andere Auftrag der Plenumsarbeit

Ein Auszug aus den Lehrerhandreichungen, der sich mit meinen Vorstellungen deckt:

„Häufig wird das Plenum als Frontalunterricht gesehen, in dem die Aktionen meist von der Lehrerin ausgehen und von ihr auch bestimmt werden. Diese Art des Plenums ist nach unserer Erfahrung bei der Arbeit mit dem Unterrichtswerk Einstern unnötig."

Ich sehe das **Plenum als Forum für die ganze Klasse**, in dem Einzelne, Partner oder Gruppen:

- sich gegenseitig informieren,
- sich Anregungen geben,
- Ergebnisse betrachten,
- Erfahrungen austauschen

und in dem ich als Lehrkraft:

- dafür den Rahmen schaffe,
- koordiniere,
- bündele,
- hinterfrage,
- zusammenfasse und
- selbstverständlich auch Anregungen gebe.

„Lust auf die Fortsetzung der Arbeit und des eigenen Probierens machen und nicht nur Erklärungen weitergeben", beschreibt das veränderte Ziel eines derartigen Plenums im Unterricht. Das Plenum besteht dabei nicht immer aus der ganzen Klassengemeinschaft, sondern kann sich auch auf einzelne Lerngruppen beziehen.

- **Überlegen Sie, wie Sie zu dieser veränderten Plenumsarbeit stehen.**
- **Als weitere Anregung können Sie auch das beiliegende Informationsblatt lesen.**

Informationsblatt zur Station 22

Weitere Überlegungen und Anregungen zur Plenumsarbeit als Auszug aus den Lehrerhandreichungen:

„Zunächst scheint es ‚unpassend', dass in einem Plenum Sachverhalte besprochen (nicht erklärt) werden, die von einigen Kindern noch gar nicht bearbeitet, von anderen schon vor längerer Zeit und von manchen evtl. gerade ‚passend' angesprochen werden. Dies entspricht jedoch durchaus dem kindlichen Lernen und der kindlichen Auseinandersetzung mit Sachverhalten im Alltag. Dort sind die Kinder auch nicht jeweils mit derselben Sache beschäftigt, haben alles schon gemacht, wenn es besprochen wird, oder machen erst etwas, nachdem es besprochen wurde.
Da im Mittelpunkt die Anregung zum Vergleichen, Denken und Optimieren steht, können sich (fast) alle Kinder daran beteiligen. Einige Kinder werden sicherlich angeregt, sich künftig auch mit den besprochenen Themen zu beschäftigen, andere erhalten Bestätigung oder können sich bereits als Experten einbringen. Wieder andere fühlen sich in ihrem augenblicklichen Denken und Arbeiten unterstützt oder können ihre momentanen Erfahrungen sofort einbringen.

Daher scheint es uns sehr wichtig, sich jeweils über den besprochenen Inhalt klar zu sein. Stehen **‚Wege'** und **‚Prozesse'** im Mittelpunkt, bringt dies in der Regel allen Kindern Fortschritte oder Bestätigung und damit auch Mitsprachemöglichkeit. Steht allerdings der reine Sachverhalt und nicht der Vergleich von Lernwegen und deren Optimierung im Mittelpunkt, kann das Plenum jeweils nur von wenigen Kindern sinnvoll genutzt werden.

Bereits in den ersten Wochen des Anfangsunterrichts ist es empfehlenswert, den Kindern jeweils im Voraus den Schwerpunkt der ‚Beratungen' im nächsten Plenum anzukündigen. So haben sie die Möglichkeit, entweder auf diese Beratung zu warten oder sich bewusst schon vorher mit dem Sachverhalt zu beschäftigen, um eigene Erfahrungen einzubringen oder aber um all den ‚Neulingen' Erfahrungen und Erklärungen weiterzugeben. In jahrgangsgemischten Klassen wird dieser Zustand immer vorhanden sein und im Sinne eines Spiralcurriculums genau all die oben genannten Funktionen erfüllen. In jeder Klasse, in der die Kinder ihren individuellen Lernfortschritt selbst gestalten können, gibt es dazu eigentlich keine sinnvolle Alternative, es sei denn, man trennt die Klasse wieder in viele kleine (scheinbar) ‚homogene' Leistungsgruppen auf, was aus unserer Sicht auf Dauer leistbar ist."

Die veränderte Lehrerinnen- und Lehrerrolle unterstützen

Zeit fürs Beobachten gewinnen

Wohl jede Lehrkraft und die Eltern wünschen sich dies:

– sich Zeit nehmen und einzelne Kinder oder Gruppen bei ihrer Arbeit beobachten,

– sie zum lauten Denken anregen oder

– einfach ihre Prozesse beobachten.

Durch die veränderte Aufgabenstellung für die Kinder und damit das Heraustreten der Lehrkraft aus der direkten Aktivität mit der Klasse entstehen dafür Zeiten. Die Kinder arbeiten in ihrem Tempo und mit ihren Möglichkeiten an und mit den Themenheften und holen sich bei Bedarf vor allem auch bei anderen Kindern Unterstützung.
Während dieser Zeit kann ich als Lehrkraft:

– einzelne Kinder beobachten,

– beraten und

– beim Lernen unterstützen.

Als Unterstützung (ggf. auch Leitschnur) dienen mir dabei die Beobachtungsbögen. Ich mache mir auch zusätzliche Notizen, um Kinder ggf. auf das Vorstellen von Lösungswegen, Ideen und Ergebnissen im späteren Plenum anzusprechen.

- **Versuchen Sie bitte, sich in die Rolle Ihres Kindes zu versetzen, um dann zu überlegen, wie diese Lehrerinnen- und Lehrerrolle auf Sie wirkt.**
- **Als weitere Anregung können Sie auch das beiliegende Informationsblatt lesen.**

Informationsblatt zur Station 23

Zum Vertiefen einige Ideen/Beschreibungen zur veränderten Lehrerinnen- und Lehrerrolle:

Die veränderten Tätigkeiten im Unterricht

Anregen, Begleiten, Beobachten, Bestätigen, Reflektieren, Rückmelden – eine Kurzform der Arbeitsbeschreibung?!

***Anregen* durch die Bereitstellung** des Materials, z. B. je eines Themenheftes aus Einstern, und durch Material, das zur Handlungsebene anregt.
Hier ist alles sinnvoll, was sich zur Mengenbildung und zum Erkennen und Aufbauen von Strukturen eignet. Bitte denken Sie dabei nicht nur an bereits strukturierte Materialien, sondern durchaus auch an „normales" Spielzeug, z. B. Bauklötze, Spielkärtchen, Steckwürfel, Rechenkarten, den Taschenrechner „Little Professor" (z. B. vom Heinevetter-Verlag), Merkmalsklötzchen, Spielzeugautos, Perlen, Steinchen, Spiegel, Lego, Legeplättchen usw.

***Begleiten* durch Mithilfe:**
- bei der Auswahl von Seiten im Themenheft.
- bei der Auswahl von Materialien.
- bei der Auswahl von „Mitarbeitern".
- durch positive und aufmunternde Rückmeldungen und Bestätigungen:
  - für die Versuche,
  - für die Arbeit,
  - für die Erfolge usw.

Beobachten:
- beim Arbeitsbeginn,
- bei der Auswahl von Unterlagen und Materialien,
- bei den Lösungsversuchen und -wegen,
- beim Argumentieren,
- beim Umgang mit den Mitschülern usw.

Überall werden Prozesse beobachtet, die dann auch die dafür notwendige Zeit der Lehrerin in Anspruch nehmen. Kurzes Hinsehen auf das Blatt, fast im Vorbeigehen, ist immer nur auf das Ergebnis (und leider oft auch nur auf Fehlersuche) ausgerichtet.

Grundlagenbildung benötigt Zeit und unterschiedliche Wege, für jedes Kind seine individuelle Zeit und die individuellen Wege! Haben Sie bitte Geduld mit sich und den Kindern! So wie wir bei Kleinkindern akzeptieren, dass sie zu unterschiedlichen Zeiten das selbstständige Gehen/Laufen lernen, so sollten wir ihnen hier auch ihre unterschiedlichen „Mathematik-Lernzeiten" zugestehen. (Man merkt beim Gehen/Laufen eines älteren Kindes später nicht mehr, wann es anfing, erste eigene Schritte zu gehen!)

Ein Helfersystem aufbauen

Es lässt sich nur Zeit zum Beobachten und für einzelne Kinder oder Gruppen finden, wenn sich die Kinder bei Bedarf auch bei anderen Kindern Unterstützung holen können. Durch den unterschiedlichen Lern- und Leistungsstand gibt es meist Kinder, die sich als „Experten“ fühlen und bei Bedarf zumindest die anstehende Arbeit beschreiben können.

Dazu benötige ich:

– jeweils ein Themenheft als „Helferheft“. Es liegt an einer vereinbarten Stelle aus. Kinder, die sich als „Experten“ für einen Sachverhalt, für eine Heftseite empfinden, kleben auf diese Seite Post-it-Blättchen mit ihren Namen oder ihren Bildern.

– auch teilweise einzelne Seiten, die ich an der Pinnwand aufgehänge oder auf der Ablage auslege. Hier können die Kinder dann z. B. mit Wäscheklammern ihren Namen als Hinweis auf Helfer gut anbringen.

Wer Hilfe benötigt, sucht sich die entsprechende Seite und den dort hoffentlich schon vermerkten „Experten“ oder lässt sich durch eine Erklärung der Lehrkraft selbst zum „Experten“ ausbilden und kennzeichnet dies später entsprechend.

- **Sie haben hier nun auch schon einige Stationen bzw. Arbeitsaufträge bearbeitet und könnten anderen Personen sicherlich bei ihrem Anfang behilflich sein.**

Die veränderte Lehrerinnen- und Lehrerrolle unterstützen

Selbstkontrolle ermöglichen

Die Kinder haben einen Anspruch auf Rückmeldung, auch zu ihren Arbeitsergebnissen.
Dies ist auch in einem Unterricht mit viel Selbstständigkeit der Kinder erforderlich. Alles, was bisher gut war, werde ich auch einsetzen:

- im „Vorbeigehen“ eine Rückmeldung geben,
- die Hefte von Zeit zu Zeit einsammeln und durchsehen,
- auf Verlangen der Kinder Ergebnisse ansehen und bestätigen,
- usw.

Um mich jedoch von der übermäßigen Kontrolle der Inhaltsebene zu entlasten, sollten die Kinder selbst kontrollieren. Dazu biete ich Selbstkontrollmöglichkeiten an. Diese sind an der Station 7 „Selbstständiges Arbeiten der Kinder ermöglichen: Selbstkontrolle ermöglichen“ beschrieben.

- **Bitte bearbeiten Sie die o. g. Station, falls Sie mehr darüber wissen wollen.**

KV 54: Knobelaufgaben
Quadrate legen

1
- Lege diese 4 Quadrate aus 12 Streichhölzern.

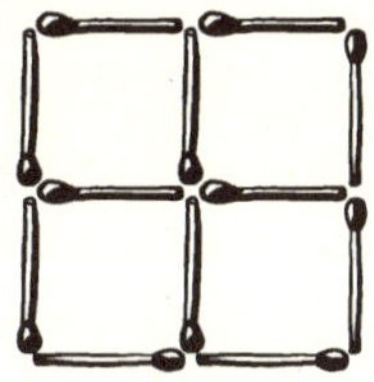

- Lege 3 Streichhölzer so um, dass 3 gleich große Quadrate entstehen.
- Zeichne deine Lösung.

2
- Lege diese 4 Quadrate aus 15 Streichhölzern.

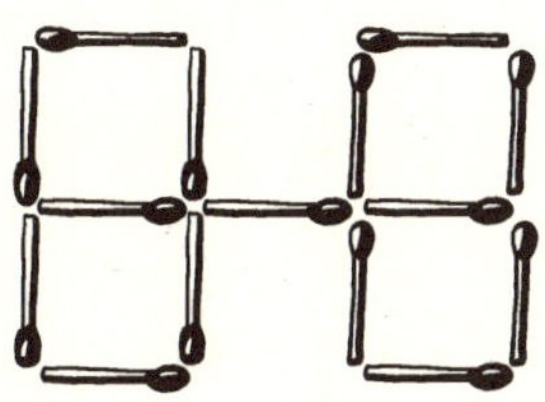

- Lege 2 Streichhölzer so um, dass 5 gleich große Quadrate entstehen.
- Zeichne deine Lösung.

3
- Lege diese Figur aus 11 Streichhölzern.

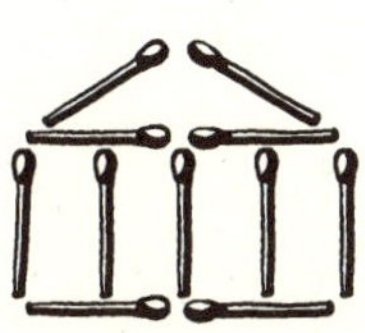

- Lege 2 Streichhölzer so um, dass eine Figur aus 8 Quadraten entsteht.
- Zeichne deine Lösung.

KV 55: Knobelaufgaben
„Magische“ Zahlendreiecke

❶ Verteile die Zahlen 4, 5, 6, 7, 8 und 9 so auf die Seiten des Dreiecks, dass die Zahlen auf jeder Seite zusammen 17 ergeben.

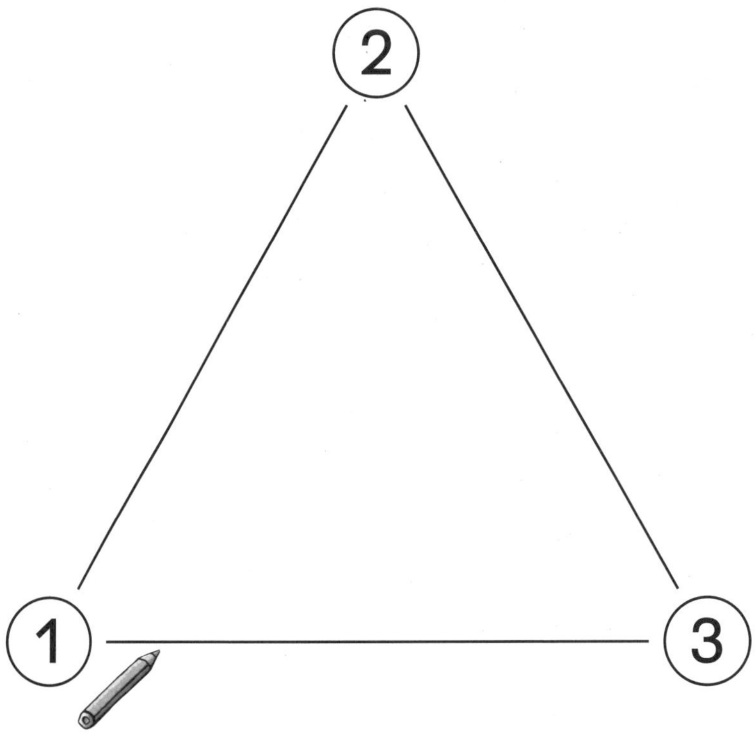

❷ Verteile die Zahlen 1, 2, 3, 4, 5, 6, 7, 8 und 9 so auf die drei Seiten des Dreiecks, dass die Zahlen auf jeder Seite zusammen 20 ergeben.

Suche verschiedene Lösungen.

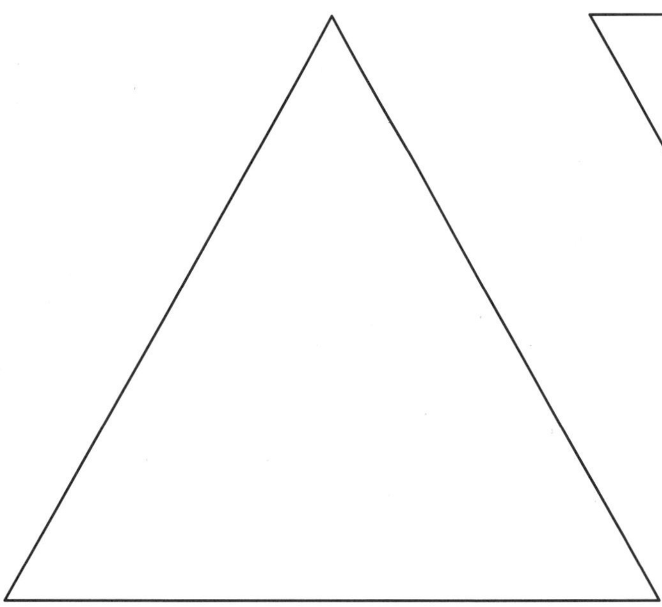

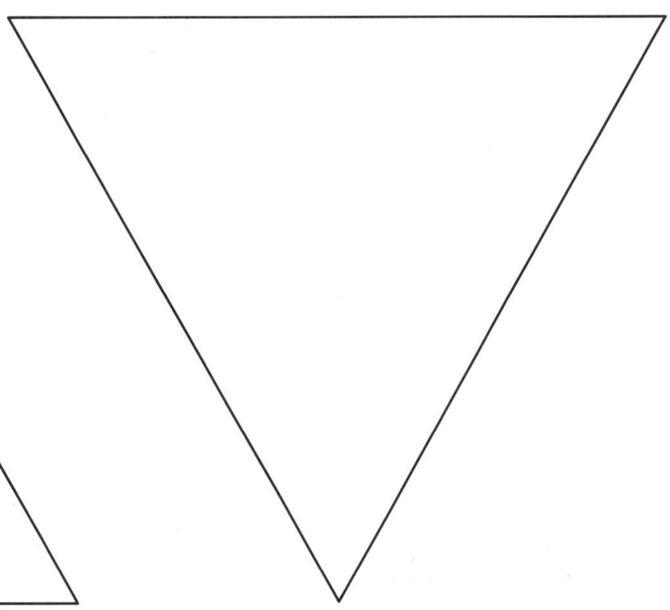

KV 56: Knobelaufgaben
„Magische“ Rauten

1 Trage die Zahlen 1, 2, 3, 4, 5, 6, 7 und 8 so in die Kästchen ein, dass sie in jeder schrägen Reihe zusammen die angegebene Zahl ergeben.

12

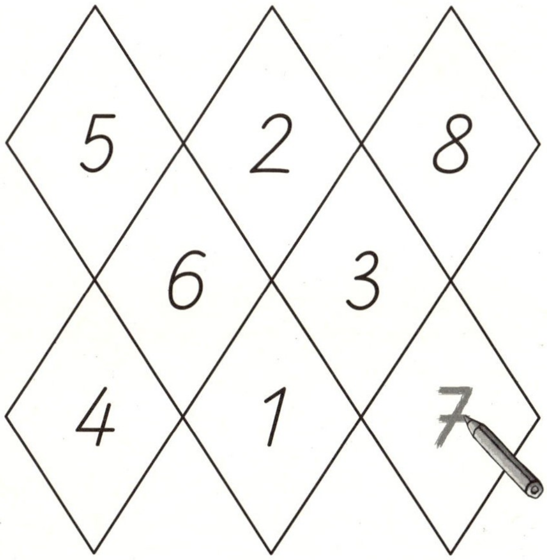

13

15

14

KV 57: Knobelaufgaben
Zahlenrätsel: Wie alt sind die Kinder?

❶ Paul: Meine Schwester Lea und mein Bruder Tim sind zusammen halb so alt wie ich. Tim ist 2 Jahre älter als Lea.

Wie alt ist Lea? ______________________

Wie alt ist Tim? ______________________

Wie alt ist Paul? ______________________

Findest du mehrere Lösungen? ______________________

❷ Sabine: Ich habe 3 Geschwister. Der Altersunterschied zwischen uns 4 Kindern ist immer 2 Jahre. Zusammen sind wir 20 Jahre alt.

Wie alt sind die ______________________
vier Geschwister? ______________________

❸ Lisa: Ich bin dreimal so alt wie mein Bruder Tom. Zusammen sind wir 12 Jahre alt.

Wie alt ist Tom? ______________________

Wie alt ist Lisa? ______________________

❹ Roland: Wir sind drei Geschwister und zusammen 18 Jahre alt. Ich bin der Älteste, meine Schwester ist 3 Jahre jünger als ich. Mein Bruder ist 3 Jahre jünger als meine Schwester.

Wie alt ist Roland? ______________________

Wie alt ist Rolands Schwester? ______________________

Wie jung ist Rolands Bruder? ______________________

KV 58: Knobelaufgaben Lösungsblatt

KV 54: Quadrate legen

❶ ❷ ❸

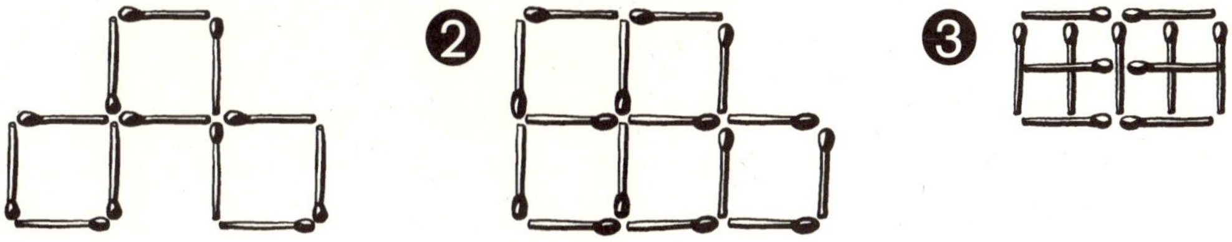

KV 55: „Magische“ Zahlendreiecke

❶

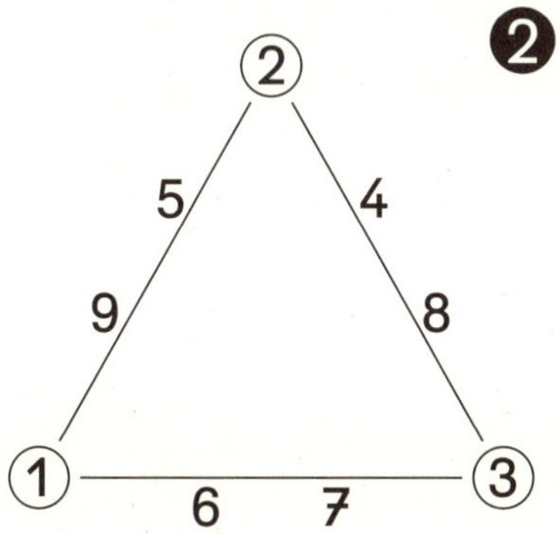

❷ Es gibt verschiedene Lösungen.

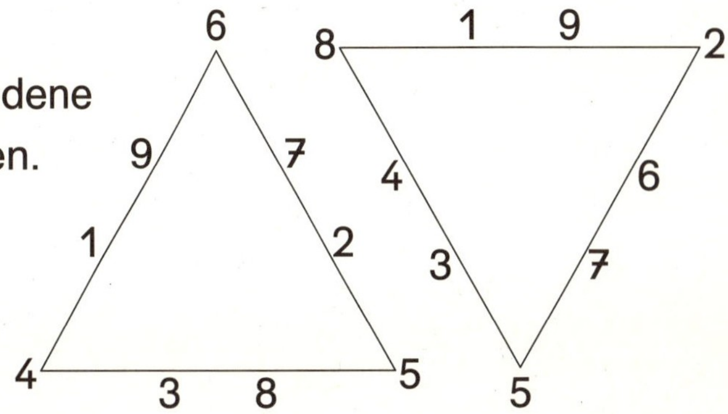

KV 56: „Magische“ Rauten

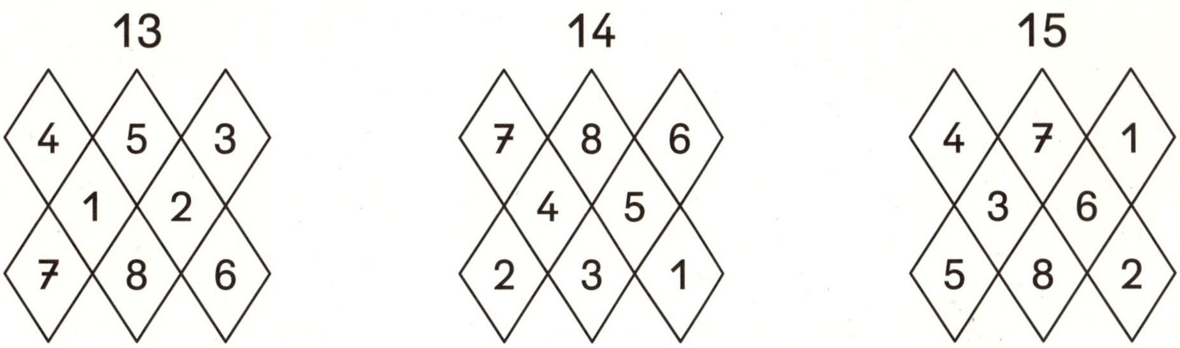

KV 57: Zahlenrätsel: Wie alt sind die Kinder?

❶ Lea: 1 Jahr
Tim: 3 Jahre
Paul: 8 Jahre

oder

Lea: 2 Jahre
Tim: 4 Jahre
Paul: 12 Jahre

oder …

❷ 2 Jahre, 4 Jahre, 6 Jahre, 8 Jahre

❸ Tom: 3 Jahre, Lisa: 9 Jahre

❹ Roland: 9 Jahre
Rolands Schwester: 6 Jahre
Rolands Bruder: 3 Jahre